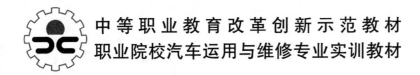

中等职业教育改革创新示范教材
职业院校汽车运用与维修专业实训教材

汽车电器常见维修项目实训教材

（第2版）

中国汽车维修行业协会　组织编写
朱　军　丛书主编
高作福　李玉明　本书主编

人民交通出版社股份有限公司
China Communications Press Co.,Ltd.

内 容 提 要

本书为教育部中等职业教育改革创新示范教材、职业院校汽车运用与维修专业实训教材，从汽车维修企业生产一线中精选最常见的电器维修作业项目共计12个，作为实训课教学内容，适合职业院校汽车运用与维修专业的学生使用。

图书在版编目(CIP)数据

汽车电器常见维修项目实训教材／朱军主编. —2版. —北京：人民交通出版社股份有限公司，2018.12
ISBN 978-7-114-15069-2

Ⅰ.①汽… Ⅱ.①朱… Ⅲ.①汽车—电气设备—车辆修理—技术培训—教材 Ⅳ.①U472.41

中国版本图书馆 CIP 数据核字(2018)第 226854 号

书　　　名：汽车电器常见维修项目实训教材(第2版)
著　作　者：朱　军
责任编辑：翁志新　张一梅
责任校对：张　贺
责任印制：张　凯
出版发行：人民交通出版社股份有限公司
地　　　址：(100011)北京市朝阳区安定门外外馆斜街3号
网　　　址：http://www.ccpress.com.cn
销售电话：(010)59757973
总　经　销：人民交通出版社股份有限公司发行部
经　　　销：各地新华书店
印　　　刷：北京市密东印刷有限公司
开　　　本：787×1092　1/16
印　　　张：9.75
字　　　数：204千
版　　　次：2009年12月　第1版
　　　　　　2018年12月　第2版
印　　　次：2018年12月　第2版　第1次印刷　累计第8次印刷
书　　　号：ISBN 978-7-114-15069-2
定　　　价：24.00元

(有印刷、装订质量问题的图书由本公司负责调换)

职业院校汽车运用与维修专业实训教材编写委员会

主　　　任：康文仲
副 主 任：刘　杰　于　敏　孟　秋
委　　　员：（排名不分先后）
　　　　　　　张京伟　朱　军　魏荣庆　李怡民
　　　　　　　高　巍　卞良勇　王振军　渠　桦

丛 书 主 编：朱　军
本 书 主 编：高作福　李玉明
本书副主编：瞿忠军　王圣利
支 持 单 位：德州交通职业中等专业学校

序言

随着汽车工业的飞速发展,特别是电控技术在汽车上的广泛应用,对汽车维修技术的要求越来越高,掌握现代维修技术的技能型人才十分短缺。因此,教育部、原交通部等六部委启动的"实施职业院校制造业和现代服务业技能型紧缺人才培养培训工程"将"汽车运用与维修"列入第一批的四个专业领域之一,但由于传统的实训课程内容和模式已不能完全适应汽车维修企业的实际需要,所以,探索汽车维修实训课程教学内容和教学模式,是汽车维修职业教育改革的重点内容。选择哪些作业项目作为实训课的教学内容,采用什么教学方法作为实训课的教学模式,是汽车维修教学中最重要的问题。

汽车维修职业教育的培养定位,是为汽车维修企业培养能够实现零距离上岗就业的一线技术工人。因此,实训课最重要的就是要解决"教什么"和"怎么教"的问题。

本套实训教材正是为深入贯彻落实教育部办公厅、原交通部办公厅、中国汽车维修行业协会和中国汽车工业协会《关于确定职业院校开展汽车运用与维修专业领域技能型紧缺人才培养培训工作的通知》(教职成厅〔2003〕6号)的精神,紧扣"培养培训指导方案"的要求,来探讨实用汽车维修作业项目实训课实车工艺化教学方法的,在教学内容上大量采用的是源自汽车维修一线的实用作业项目,教学方法则采用在实车上按照实训课工艺化教学要求来完成的教学模式,使每个作业项目直接针对实际的整车来完成,增加了实景实车教学的现场感,增强了学生对实车修理过程的真实感。

我希望这种汽车维修职业教学实训课程开发的新思路和新理念,能够使汽车维修职业学校的学生更快地融入汽车维修企业的生产实践中,实现零距离上岗就业,为广大的汽车维修企业提供高素质、掌握现代汽车维修技术的技能型人才。

康文仲

为了深入贯彻落实教育部办公厅、交通部办公厅、中国汽车维修行业协会和中国汽车工业协会《关于确定职业院校开展汽车运用与维修专业领域技能型紧缺人才培养培训工作的通知》的精神，中国汽车维修行业协会组织了王凯明、朱军等一批业内知名专家，以及德州交通职业中等专业学校和宁波市鄞州职业高级中学的老师，于 2009 年推出了 4 本"职业院校汽车运用与维修专业实训教材"，2011 年推出了 2 本"职业院校汽车车身修复专业实训教材"，共 6 本实训教材。这套教材解决了职业院校实训课"教什么"和"怎么教"的问题，自出版以来，反馈良好，已重印数次。

近年来，汽车行业飞速发展，职教改革不断深入，对汽车专业的教学提出了新的要求，中国汽车维修行业协会于 2016 年下半年牵头启动了这 6 本实训教材的修订工作。本次修订参考了《中等职业学校专业教学标准(试行)》中汽车运用与维修专业(专业代码 082500)教学标准，更换了车型，增加了一些新内容，剔除了一些旧内容，对章节结构进一步梳理、调整，使内容更加贴近教学要求，旨在为新形势下的汽车职业教育提供更好的服务。

《汽车电器常见维修项目实训教材》是其中一本，本书第 1 版于 2013 年 5 月 8 日被教育部遴选为第二批中等职业教育改革创新示范教材。此次修订，更新了"事前准备"和三个项目的内容，更新的项目全部以上汽通用科鲁兹车型为例进行讲解；删除了附录；对不合理的技术内容进行了调整，使教材内容更加完善。

本书由高作福、李玉明担任主编，瞿忠军、王圣利担任副主编，参加编写的还有李剑锋、孙波、代军、王少行、郑广峰、张利军、张骞等。

限于编者的经历和水平，书中难免有不妥或错误之处，敬请广大读者批评指正，提出修改意见和建议，以便再版修订时改正。

职业院校汽车运用与维修专业实训教材编写委员会

2018 年 8 月

教材使用说明

一、本教材与以往的汽车维修实训教材的不同之处

1. 汽车维修实训项目的选择

本教材的所有实训项目,都是根据汽车维修一线的实践统计选择出来的最常见、最实用的汽车维修项目,它仅仅包含了汽车维护的全部内容和常见的维修检测项目。因此,不同于以往实训教材那样按照汽车的各个系统完整地罗列出所有的维修项目。这样选择主要是为了体现出汽车维修项目的实用性,希望学生在实训中学到汽车维修实践中最常见的维修项目,使学生在学校里学到的实际技能,与汽车维修企业中遇到的维修项目实现零距离接轨,同时也是为了更加准确地划定汽车维修实训项目的最小范围,以便最大限度地降低实训课教学成本。

2. 实训教材编写形式

本教材在实训操作步骤编写上采用了与以往教材不同的形式。以往实训教材的操作步骤采用顺序编号后的文字描述形式来表达,本教材则采用系列照片组附加文字的方式来进行操作步骤的表达,每一个维修实训项目都会采用几十张步骤连续的系列照片来讲授。这样的编写形式是为了正确规范地传授实训课程中的技能要点。在以往的实训教材中用文字的形式不可能达到这个目的,文字只能给实训老师一个顺序提示,真正的实训技能点还要靠老师在实训过程中用自己的经验进行现场传授,这样就使得不同的老师在传授技能时产生了不同的差异,这也就使得技能传授无法统一规范。

3. 实训课组织形式

在教学过程中,采用1~2名教师带2~4组学生(每组4人),同时对实训场地中2~4辆实车通过作业的实训课工艺化教学模式来完成。实训课工艺化教学模式是采用一对多组的并联教学方式,在老师讲解示范的过程中,运用视频投影的方法扩大现场的可视范围,提高动作细节的可视度,解决一对多组教学的示范观摩

难点;同时将作业项目根据学生一次所能接受掌握的程度细分为若干个简单的工序步。老师每示范一个工序步,就让各组同学操作一个工序步,步步紧跟,每步皆停,统一节奏,这样就把一个复杂连续的技能教学过程分解成一个个独立简单的工序教学过程。在教学中,老师只要合理地把握了每个工序的教学工艺节奏,也就把握住了教学的全过程。这也是实训课"工艺化"教学模式的最大特点。

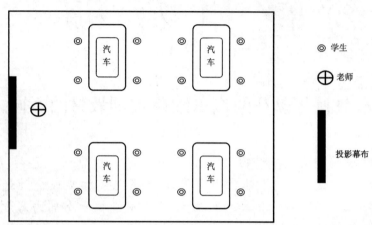

实训教学由老师的示范开始,通过投影视频图像和同步讲解,带领各组同学同时操作。老师播放一段视频影像,讲解一段操作工艺,同学们观看一段影像资料,跟随一段实际操作,这样的教学把技能操作通过屏幕放大展现给全体同学,老师同步讲解要领,同学们跟进实际操作,老师现场观察随时纠正动作,只有这样,才能完成由一名老师指导多组同学的实训课程教学。

在实训工序中,一个小组的两名同学实际操作,另两名同学现场观摩。每完成一个实训项目交换一次。这样的教学组织相当于每个同学在实训中都能够至少看一遍、再干一遍,这样有利于一边揣摩、一边操作,便于观摩中相互讨论,操作中相互交流。

二、本教材适用范围

由于本教材所选实训项目为最常见、最基本和最实用的汽车维修项目,因此,适合各类不同层次的职业学校学生选修。同时由于这些实训项目是源自汽车维修一线的常见维修项目,因此不仅在学校期间可以作为教材使用,还可以在同学们分配到汽车维修企业后继续作为维修指导手册使用。这是一本可以跟随同学们一起走进工厂的实用书籍。

目录

事前准备 …………………………… 1
　一、场地安全 ……………………… 1
　二、操作前准备 …………………… 1
　三、安装三件套 …………………… 2
　四、打开发动机舱盖 ……………… 3
　五、铺设前格栅布及左右翼子板布 … 3

整理工位 …………………………… 5

项目一　检查或更换蓄电池 …… 7
　一、项目说明 ……………………… 7
　二、技术标准与要求 ……………… 8
　三、实训时间:20min ……………… 8
　四、实训教学目标 ………………… 8
　五、实训器材 ……………………… 8
　六、教学组织 ……………………… 8
　七、操作步骤 ……………………… 9
　八、考核标准 ……………………… 15

项目二　检查或更换发电机 …… 17
　一、项目说明 ……………………… 17
　二、技术标准与要求 ……………… 18
　三、实训时间:40min ……………… 18
　四、实训教学目标 ………………… 18
　五、实训器材 ……………………… 18
　六、教学组织 ……………………… 18
　七、操作步骤 ……………………… 19
　八、考核标准 ……………………… 28

项目三　检查或更换起动机 …… 29
　一、项目说明 ……………………… 29
　二、技术标准与要求 ……………… 30
　三、实训时间:40min ……………… 30
　四、实训教学目标 ………………… 30
　五、实训器材 ……………………… 31
　六、教学组织 ……………………… 31
　七、操作步骤 ……………………… 31
　八、考核标准 ……………………… 40

项目四　更换点火开关 ………… 41
　一、项目说明 ……………………… 41
　二、技术标准与要求 ……………… 41
　三、实训时间:30min ……………… 42
　四、实训教学目标 ………………… 42
　五、实训器材 ……………………… 42
　六、教学组织 ……………………… 42
　七、操作步骤 ……………………… 42
　八、考核标准 ……………………… 57

项目五　更换转向灯开关 ……… 58
　一、项目说明 ……………………… 58
　二、技术标准与要求 ……………… 58
　三、实训时间:30min ……………… 58
　四、实训教学目标 ………………… 58
　五、实训器材 ……………………… 59
　六、教学组织 ……………………… 59
　七、操作步骤 ……………………… 59

八、考核标准 ………………………… 70

项目六　更换制动灯开关 ………… 71
　　一、项目说明 ………………………… 71
　　二、技术标准与要求 ………………… 71
　　三、实训时间:20min ………………… 71
　　四、实训教学目标 …………………… 71
　　五、实训器材 ………………………… 72
　　六、教学组织 ………………………… 72
　　七、操作步骤 ………………………… 72
　　八、考核标准 ………………………… 77

项目七　检查汽车灯光 …………… 79
　　一、项目说明 ………………………… 79
　　二、技术标准与要求 ………………… 80
　　三、实训时间:30min ………………… 80
　　四、实训教学目标 …………………… 80
　　五、实训器材 ………………………… 80
　　六、教学组织 ………………………… 80
　　七、操作步骤 ………………………… 80
　　八、考核标准 ………………………… 85

项目八　更换中央继电器盒 ……… 86
　　一、项目说明 ………………………… 86
　　二、技术标准与要求 ………………… 86
　　三、实训时间:50min ………………… 86
　　四、实训教学目标 …………………… 86
　　五、实训器材 ………………………… 86
　　六、教学组织 ………………………… 87
　　七、操作步骤 ………………………… 87
　　八、考核标准 ………………………… 111

项目九　检查或更换汽车喇叭 …… 112
　　一、项目说明 ………………………… 112
　　二、技术标准与要求 ………………… 113
　　三、实训时间:20min ………………… 113

　　四、实训教学目标 …………………… 113
　　五、实训器材 ………………………… 113
　　六、教学组织 ………………………… 113
　　七、操作步骤 ………………………… 113
　　八、考核标准 ………………………… 116

项目十　加注空调系统制冷剂 …… 118
　　一、项目说明 ………………………… 118
　　二、技术标准与要求 ………………… 118
　　三、实训时间:40min ………………… 119
　　四、实训教学目标 …………………… 119
　　五、实训器材 ………………………… 119
　　六、教学组织 ………………………… 119
　　七、操作步骤 ………………………… 120
　　八、考核标准 ………………………… 123

**项目十一　检查或更换刮水器电动机
　　　　　　和刮水片** ……………… 125
　　一、项目说明 ………………………… 125
　　二、技术标准与要求 ………………… 126
　　三、实训时间:40min ………………… 126
　　四、实训教学目标 …………………… 126
　　五、实训器材 ………………………… 127
　　六、教学组织 ………………………… 127
　　七、操作步骤 ………………………… 127
　　八、考核标准 ………………………… 139

项目十二　更换空调滤芯 ………… 140
　　一、项目说明 ………………………… 140
　　二、技术标准与要求 ………………… 140
　　三、实训时间:15min ………………… 140
　　四、实训教学目标 …………………… 140
　　五、实训器材 ………………………… 140
　　六、教学组织 ………………………… 141
　　七、操作步骤 ………………………… 141
　　八、考核标准 ………………………… 143

事前准备

一、场地安全

1 操作场地工具及设备摆放整齐,不影响正常操作。

2 场地应干净,无油污(防止人员摔倒造成人身伤害)。

二、操作前准备

1 车辆在工位内停放周正后,1号同学(以下简称1号)安装车轮挡块。

💡 提示

确认车辆左举升机正确位置,挡块要放正。

2 1号记录车辆识别代码(VIN)。

💡 提示

不同车型车辆识别代码位置不同,本车在前风窗玻璃左下角位置。

3 1号检查车身是否有划痕。

💡 提示

车身划痕检查部位:后视镜上、下方,车辆前、后、上、下方都要检查。同时检查轮胎及气门嘴帽。

4 1号安装排烟道。

> **提示**
>
> 废气抽排系统应工作可靠,能顺利地把车辆排出的废气排放到室外。

三、安装三件套

1 2号同学(以下简称2号)领取三件套、车钥匙,打开左前车门。

2 2号将地板垫铺设在转向盘下方的地板上。

> **提示**
>
> 铺设地板垫的主要目的是便于清除维修人员带入驾驶室内的脏污与杂物,保持驾驶室内地板清洁。

3 2号将座椅套按照从上向下的要求套装到驾驶座上。

> **提示**
>
> 座椅套是由薄塑料制成的,极易破损,所以在安装时要用力均匀,避免用力过大,端面不齐,导致损坏。

4 2号端坐在座椅上,用手理顺转向盘套之后,顺应转向盘的弧度,双手握住转向盘套并滑动。当出现安装困难时,稍用力拉伸转向盘套,便可顺利完成。

> **提示**
>
> 转向盘套是由薄塑料制成的,极易破损,所以在安装时要用力均匀,避免用力过大导致破损。

5 2号插入钥匙,降下车窗玻璃。

> 提示
>
> 座椅套、转向盘套、地板垫应无破损。

6 2号检查驻车制动手柄是否拉起，挡位是否在"P"位置（手动变速器应在空挡位置），防止误操作造成危险。

四、打开发动机舱盖

1 2号拉起发动机舱盖开启手柄。发动机舱盖开启手柄位于仪表台下方靠近车门处，用手握住手柄缓慢用力向外拉动，当听到"砰"的声响后表示发动机舱盖已打开；同时透过前风窗玻璃，看到发动机舱盖微微抬起。

> 提示
>
> 不同车型的发动机舱盖开启手柄的位置和扳动方向可能有所不同。

2 1号双手托住发动机舱盖前沿，右手手指向右推动锁止机构，双手抬起发动机舱盖。

3 1号左手撑着发动机舱盖，右手把锁止机构旁边的支撑杆从卡槽里脱开抬起。

4 1号将支撑杆放入发动机舱盖支撑孔。

> 提示
>
> 将支撑杆插入发动机舱盖支撑孔时，要保证接触可靠，否则，发动机舱盖滑落会造成人身伤害。

五、铺设前格栅布及左右翼子板布

1 1号把翼子板布粘贴在汽车左右侧翼子板上，要求将翼子板全部覆盖。翼子板布的上沿粘贴到排水槽的内侧,前端至前照灯总成处,后端至车门与翼子板结合缝隙。

面,要求将汽车前部、前照灯总成、前保险杠全部覆盖。

💡 提示

左右翼子板布应安放到位,磁铁吸在翼子板上,挂钩挂到合适位置,防止翼子板布脱落。

2 1号把前格栅布粘贴在汽车的正前

💡 提示

前格栅布应安放到位,磁铁吸在车身上,挂钩挂到合适位置,防止前格栅布脱落,能够保护好整个车身前部,防止脱落。

整理工位

1 收取翼子板布、前格栅布。

> 提示
>
> 叠放整齐后复位,便于下次取用。

2 关闭发动机舱盖,升起车窗玻璃,关闭点火开关,拔下钥匙。

3 回收三件套。

> 提示
>
> 对三件套进行分类。地板垫扔到"其他"垃圾桶,转向盘套、座椅套扔到"塑料"垃圾桶。

4 将车轮挡块放回到工具车内原来的位置。

> 提示
>
> 车轮挡块复位,便于下次取用。

5 取下尾气排放管并复位。

> 提示
>
> 尾气排放管内可能有水,如果有水应及时排出。

6 将使用过的工具与设备进行清洁并放回指定位置。

7 清洁车辆与地面。

项目一　检查或更换蓄电池

一、项目说明

1. 概述

汽车蓄电池是一种储存电能的装置,它连接用电设备和充电电路。在放电过程中,蓄电池中的化学能转变为电能;在充电过程中,将电能转变为化学能。目前,汽车上常用的蓄电池有普通蓄电池、免维护蓄电池及封闭式蓄电池,此外,还有混合型蓄电池和重组式蓄电池等。

汽车蓄电池的主要用途是:在起动发动机时,向起动系统、点火系统、电控燃油喷射系统和其他用电设备供电;发动机停止运转或低速运转时,向汽车用电设备供电;发电机过载时,蓄电池协助供电;使汽车电气系统电压保持稳定,吸收或缓和电路中的瞬时过电压,保护汽车上的用电设备;当发电机正常工作时,蓄电池储存发电机剩余的电能。

蓄电池使用不当,会产生各种故障,导致过早报废,其常见故障可分为外部故障和内部故障。外部故障主要有壳体破裂、封口开胶、极柱腐蚀、接触不良及联条烧断等;内部故障主要有极板硫化、活性物质脱落及自行放电等。蓄电池的外部故障容易察觉,可通过修补、除污和紧固等方法修复,而内部故障只有在使用或充电时才出现一定症状,故障一旦产生便不易排除。因此,汽车用蓄电池在使用过程中应加强检查维护,必要时及时更换蓄电池。下面以桑塔纳2000GSi型轿车为例,来说明检查或更换蓄电池的操作步骤和技术规范。

2. 蓄电池的结构

普通型蓄电池一般由3只或6只单格电池串联而成,每只单格电池的额定电压为2V。蓄电池主要由正负极板、隔板、电解液、外壳、联条及接线柱等部件组成。汽车蓄电池通常采用负极搭铁。

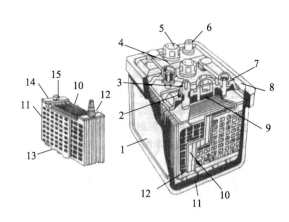

蓄电池的结构

1-外壳;2-封闭环;3-正极柱;4-联条;5-加液孔盖;6-负极柱;7-蓄电池盖;8-塑封;9-护板;10-隔板;11-负极板;12-正极板;13-支撑凸起;14-横板;15-连接柱

3. 蓄电池的工作原理

蓄电池的工作原理是电能与化学能的相互转换。当蓄电池的化学能转换成电能向外供电时，称为放电过程；当蓄电池与外界直流电源相连而将电能转换成化学能储存起来时，称为充电过程。蓄电池充放电过程中的化学反应是可逆的，其反应式为：

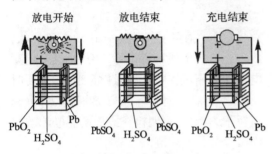

蓄电池的工作原理

$$PbO_2 + 2H_2SO_4 + Pb \rightleftharpoons 2PbSO_4 + 2H_2O$$

二、技术标准与要求

（1）桑塔纳2000GSi型轿车采用12V整体干荷式免维护蓄电池，其额定容量为54A·h，最大允许放电电流为256A。

（2）使用高率放电计测量蓄电池端电压时，若负载电流为110A，则最小电压不得低于9.6V。

（3）蓄电池电缆线拆装顺序为：拆卸时，先拆负极电缆线，后拆正极电缆线；安装时，先装正极电缆线，后装负极电缆线。

（4）蓄电池应固定牢靠，否则剧烈振动将影响其使用寿命。

（5）电解液具有强腐蚀性，避免接触皮肤或溅落到眼睛内。

（6）在蓄电池附近，禁止明火、火花或吸烟，防止蓄电池发生爆炸。

（7）免维护蓄电池通过其上观察窗（俗称"电眼"），检查蓄电池电解液液位和工作状态。

三、实训时间：20min

四、实训教学目标

（1）了解检查或更换蓄电池的重要性。
（2）熟悉蓄电池的基本结构与工作原理。
（3）掌握检查或更换蓄电池的操作技能。

五、实训器材

高率放电计　　　　万用表

其他工具及器材：φ13mm套筒、φ10mm套筒、接杆、棘轮扳手、砂布、翼子板护裙及驾驶室内保护罩等。

六、教学组织

1. 教学组织形式

每辆车安排4名学生参与实训，两名学生为一组。一组操作，一组观察学习。

2. 学生站位分工和要求

两名学生一组，按照1号、2号进行编号，1号为主，2号辅助。

3. 实训教师职责

讲解操作步骤和注意事项；下达"操作开始"口令；工位间巡视、检查、指导和纠正错误。

4. 学生职责变换

两名学生实行职责变换制度，即第一遍1号为主，2号辅助；第二遍2号为主，1号辅助。

七、操作步骤

第一步 事前准备

参见"事前准备"。

第二步 拆卸蓄电池电缆

1 1号确认点火开关处于关闭状态。

⚠ 提示

点火开关处于关闭状态，可以防止断开蓄电池与汽车电气系统连接时，产生的电动势损坏电器元件和电控单元。

2 1号确认灯光、空调、音响等开关处于关闭状态。

⚠ 提示

对于高档车系（如奔驰、宝马等）而言，在断开蓄电池与汽车电气系统的连接前，应提取音响及防盗系统的密码。否则，音响及防盗系统将被锁定。

3 1号确认蓄电池的负极接线柱。

⚠ 提示

区分蓄电池正、负极接线柱的方法：

（1）接线柱直径不同。正极接线柱直径较大，负极接线柱直径略小些。

（2）接线柱标识不同。正极接线柱附近壳体上标注"＋"；负极接线柱附近壳体上标注"－"。

4 2号将φ10mm套筒、接杆、棘轮扳手组合后传递给1号。

5 1号使用φ10mm套筒、接杆、棘轮扳手，拧松蓄电池正、负极接线柱连接电缆

夹的固定螺栓,然后将工具传递给2号。　固定螺栓。

6 1号从蓄电池负极接线柱上取下电缆,并使之可靠离开负极接线柱。

提示

拆卸蓄电池电缆时,应按照先拆负极电缆,后拆正极电缆的要求进行。否则,容易引起正极电缆搭铁,导致电控单元因瞬时高电压而损坏。

7 1号从蓄电池正极接线柱上取下连接电缆,并使之可靠离开正极接线柱。

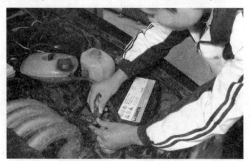

第三步　拆卸蓄电池

1 1号使用2号传递来的 φ13mm 套筒、接杆、棘轮扳手,拧松蓄电池压板的1条

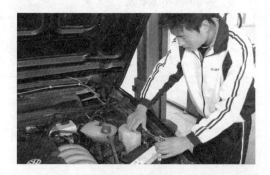

2 2号接收工具,擦拭后摆放到工具车上。

3 1号用手旋下固定螺栓,然后取出压板。2号将螺栓、压板摆放到零件车上。

提示

压板压在蓄电池的护底板上,拧紧压板固定螺栓,可将蓄电池固定。

4 1号外移蓄电池,将蓄电池的护底板从固定底座的卡槽中脱出。之后,双手插入蓄电池的底面,从固定底座上搬出蓄电池并放置到操作台上。

项目一　检查或更换蓄电池

> 提示
>
> 蓄电池在拆卸、搬运及安装过程中,应小心谨慎、轻搬轻放,严禁翻转或掉落到地面上。

第四步　蓄电池外观检查

1 1号检查蓄电池的壳体是否有破裂漏液现象。

> 提示
>
> (1)如果蓄电池的壳体存在裂纹,应采取粘补或更换蓄电池的措施。
>
> (2)蓄电池壳体因破裂而引起漏液,将导致蓄电池额定容量减小。

2 1号检查蓄电池表面是否清洁,如有脏污,应清理干净。

> 提示
>
> 蓄电池表面脏污,容易引起蓄电池外部自放电故障。因此,应保持蓄电池表面清洁无脏污。

3 1号检查蓄电池的正负极接线柱上是否有腐蚀物,必要时使用砂布擦磨清理接线柱。

> 提示
>
> 蓄电池接线柱上的腐蚀物,使极柱与电缆夹之间接触不良,导致蓄电池输出电阻过大,电压降低,起动机运转无力,发动机起动困难。

第五步　检查蓄电池的性能

1 1号将万用表调置 DC×20V 挡位。

2 1号将万用表的"＋"表笔接蓄电池"＋"接线柱;"－"表笔接蓄电池"－"接线柱。

11

3 1号读取蓄电池开路电压值。

> 提示

如果蓄电池电压值不低于12V,为正常;如果电压值低于12V,表明蓄电池已放电,需要进行充电。

4 1号将高率放电计的红色线夹夹持在蓄电池"+"接线柱上,黑色线夹夹持在蓄电池的"-"接线柱上。

> 提示

(1)保证高率放电计的线夹与蓄电池的接线柱夹持牢靠。否则,测试时会产生火花,引起蓄电池爆炸。

(2)此时高率放电计的"+"极指示灯点亮。

(3)此时高率放电计上的电压表显示蓄电池的虚电压。

(4)蓄电池内的电解液不足时,不允许进行放电测试。

5 1号按下高率放电计上的绿色按钮,2~3s后放松按钮。

> 提示

(1)按下高率放电计的按钮时间不得超过3s。否则,容易烧坏按钮开关。

(2)按下按钮时,高率放电计内部发热和冒烟为正常现象,这是由于电阻丝上有油污。

6 此时高率放电计上的电压表显示出蓄电池存电量状况。

> 提示

(1)如果电压表的指针指示在绿格范围内,表示蓄电池电量充足,不需要充电。

(2)如果电压表的指针指示在黄格范围内,表示蓄电池亏电,需要充电。

(3)如果电压表指针指示在红格范围内,表示蓄电池严重亏电,应立即充电。

(4)如果电压表指针回"0"位,表示蓄电池内部短路,蓄电池损坏。

(5)如果电压表指针偏向"0"位左侧,

项目一　检查或更换蓄电池

表示蓄电池不存电,蓄电池损坏。

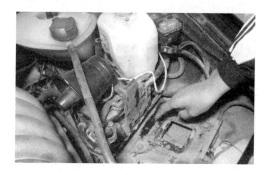

7 1号观察蓄电池"电眼"显示颜色。

提示

蓄电池"电眼"可显示三种颜色,代表含义分别是:

(1)绿色——表示蓄电池电量充足。

(2)黑色——表示蓄电池电量偏低,需要充电。

(3)无色或黄色——表示蓄电池需要更换。根据蓄电池"电眼"显示的颜色,可确定蓄电池的存电量,以采取相对应措施。

2 1号将蓄电池平放到底座上,然后向内平推,使蓄电池的保护板插入底座的卡槽中。

提示

蓄电池壳体下部有内外保护板。内侧保护板插入底座的卡槽内;外侧保护板被压板压紧。这样,蓄电池便被可靠地固定在底座上。

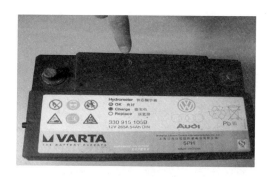

3 2号将压板和固定螺栓传递给1号。

第六步　安装蓄电池

1 1号检查蓄电池底座是否已严重锈蚀、腐蚀及变形。

提示

如果蓄电池底座已严重损坏,应换用新件。

4 1号将压板内端压在蓄电池的保护

13

板上,然后对齐螺栓孔,将螺栓穿过压板旋入底座上的螺栓孔。

5 1号使用2号传递来的 φ13mm 套筒、接杆、棘轮扳手,拧紧压板固定螺栓。固定螺栓规定力矩为22N·m。

⚠️ 提示

压板固定螺栓要按照规定力矩拧紧。否则,蓄电池受到颠簸振动,将会缩短蓄电池的使用寿命。

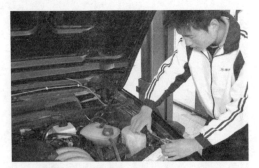

6 1号察看压板是否可靠压紧在蓄电池的保护板上。

⚠️ 提示

如果压板压紧位置不当,应松开固定螺栓重新调整。

第七步 安装蓄电池缆线

1 1号使用砂布,去除电缆夹内接触面上的污物。

⚠️ 提示

电缆夹与蓄电池极柱间,应保持良好接触。否则,将增加蓄电池的输出电阻,使输出电压下降,导致起动机转速低,发动机起动困难。

2 1号将正极电缆夹安装到蓄电池的"+"接线柱上。

⚠️ 提示

安装蓄电池电缆时,按照先安装正极电缆、后安装负极电缆的顺序进行。避免正极电缆搭铁而产生电动势损坏电器设备和电控单元。

3 1号使用 φ10mm 套筒、接杆、棘轮扳手,拧紧正极电缆夹固定螺栓。螺栓紧固力矩为5N·m。

⚠️ 提示

电缆夹固定螺栓要按照规定力矩拧紧。

项目一　检查或更换蓄电池

否则,电缆夹松动,蓄电池输出电压降低。

4 1号按照与安装正极电缆相同要求,将负极电缆夹安装到蓄电池的"－"极柱上,最后将电缆夹固定螺栓拧紧到规定值。

5 2号进入驾驶室,打开点火开关,起动发动机,检查发动机的起动和运转情况。若情况正常,关闭点火开关,停止发动机运转。至此,检查或更换蓄电池操作完毕。

第八步　整理工位

参见"整理工位"。

八、考核标准

考 核 标 准 表

考核时间	序号	考核项目	满分	评分标准	得分
20min	1	作业前整理工位	6	酌情扣分	
	2	可靠驻车并置变速器于空挡位置	4	停车不当扣4分	
	3	打开并支撑发动机舱盖	5	操作不当扣4分	
	4	粘贴翼子板护裙	5	操作不当扣4分	
	5	安装驾驶室内保护罩	5	操作不当扣8分	
	6	拆卸蓄电池电缆	6	操作错误扣10分	
	7	拆卸蓄电池	8	操作错误扣10分	
	8	蓄电池外观检查	10	操作错误扣10分	

续上表

考核时间	序号	考核项目	满分	评分标准	得分
20min	9	检查蓄电池断路电压	10	操作不当扣8分	
	10	检查蓄电池放电性能	10	操作不当扣8分	
	11	检查蓄电池"电眼"状态	10	操作不当扣10分	
	12	安装蓄电池	9	操作不当扣7分	
	13	安装蓄电池电缆	7	酌情扣分	
	14	作业后整理工位	5	酌情扣分	
	15	遵守相关安全规范		因违规操作造成人身和设备事故的,总分按0分计	
		分数合计	100		

项目二 检查或更换发电机

一、项目说明

1. 概述

发电机是充电系统的主要设备,也是汽车的主要电源。其功用是在发动机正常运转时,向除起动机以外的所有用电设备供电,同时向蓄电池充电。充电系统中设有电压调节器,保持发电机在转速和负荷变化时输出电压稳定,充电指示灯可监控发电机的工作状态。交流发电机具有发电性能好、使用寿命长等优点,所以在现代汽车上得到广泛的应用。

若正确使用发电机并及时维护,不仅故障少而且使用寿命长;若发电机使用不当,例如蓄电池正负极接线柱接反、用试火方法检查发电机是否发电、发电机带故障运行及发动机停机后点火开关长时间打开等,发电机很快便会损坏。发电机常见的故障有:不发电、发电量过小或发电量过大等。这些故障致使蓄电池迅速亏电甚至过早损坏,发动机起动困难甚至不能起动。因此,应加强对发电机的检查与维护,必要时更换发电机。下面以桑塔纳 2000GSi 型轿车为例,说明检查或更换发电机的操作步骤和技术规范。

2. 交流发电机的结构

交流发电机由产生磁场的转子、产生交流电的定子、将交流电转变成直流电的整流器、为转子提供电流的滑环、电刷以及轴承、冷却风扇、前后端盖、皮带轮等组成。

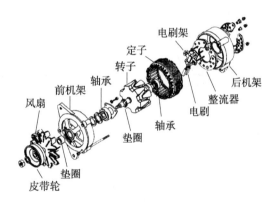

交流发电机结构

3. 交流发电机的工作原理

发动机工作时,转子线圈中有电流通过,产生磁场,安装于转子轴上的两块爪极被磁化为 N 极和 S 极。转子旋转,磁极交替穿过定子铁芯,形成一个旋转磁场,它与固定的三相定子绕组之间产生相对运动,于是在三相定子绕组中便产生三相交流电流(电动势)。发电机产生的三相交流电流,经整流器后变为直流电流,然后向汽车用电设备供电,同时向蓄电池充电。

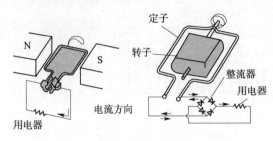

交流发电机工作原理

二、技术标准与要求

（1）安装桑塔纳 2000GSi 型轿车配套使用的 SA13Ⅵ型发电机。

（2）SA13Vl 型发电机技术参数：

发电机型号	SA13Ⅵ
额定电压(V)	13.5
额定电流(A)	96
磁场绕组电阻(Ω)(20℃时)	2.8
搭铁形式	外搭铁
常用工作转速(r/min)	6000
最高工作转速(r/min)	18000
工作环境温度(℃)	-40 ~ +105
调节器形式	集成电路式
调节电压(V)	12.7 ~ 14.0
安装方式	单挂脚
质量(无带轮)(kg)	5.6
新电刷高度(mm)	13
电刷极限高度(mm)	5

（3）不允许采用试火方法检查发电机是否发电。

（4）在发动机停机情况下，不允许点火开关长时间保持"ON"挡位。

（5）发电机与蓄电池间的电缆要连接可靠。

（6）蓄电池正负极接线应正确，并与发电机的搭铁极性相一致。

（7）发电机楔形皮带的挠度和性能正常。新皮带挠度为 2mm；旧皮带挠度为 5mm。如传动异响，应更换传动带。

（8）发电机皮带张紧器固定螺栓力矩为 25N·m，发电机固定螺栓力矩为 25N·m。

三、实训时间：40min

四、实训教学目标

（1）了解检查或更换发电机的重要性。
（2）熟悉发电机的结构与工作原理。
（3）掌握检查或更换发电机的操作技能。

五、实训器材

万用表

电流表

其他工具及器材：φ10mm 套筒、φ13mm 套筒、φ8mm 内六角接头、接杆、棘轮扳手、16-17mm 开口扳手、木柄锤、销钉、翼子板护裙及驾驶室内保护罩等。

六、教学组织

1. 教学组织形式

每辆车安排 4 名学生参与实训，两名学

生为一组。一组操作,一组观察学习。

2. 学生站位分工和要求

两名学生一组,按照 1 号、2 号进行编号,1 号为主,2 号辅助。

3. 实训教师职责

讲解操作步骤和注意事项;下达"操作开始"口令;工位间巡视、检查、指导和纠正错误。

4. 学生职责变换

两名学生实行职责变换制度,即第一遍 1 号为主,2 号辅助;第二遍 2 号为主,1 号辅助。

七、操作步骤

第一步 事前准备

参见"事前准备。"

第二步 检查充电指示灯状况

1 1 号用拇指下压发电机皮带轮与张紧装置之间的楔形皮带,检查楔形皮带的挠度是否正常。

⚠ 提示

(1)斜形皮带的正常挠度为:新皮带 2mm,旧皮带 5mm。如果楔形皮带过松,将降低发电机发电量。应视情更换楔形皮带或皮带张紧器。

(2)如果产生传动异响,应更换楔形皮带。

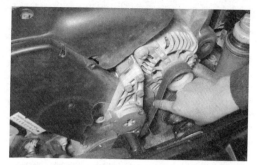

2 1 号进入驾驶室,确认驻车制动器操纵手柄已拉紧,变速器位于空挡位置。

⚠ 提示

确保发动机起动安全,防止出现溜车、窜车,避免发生意外事故。

3 1 号打开点火开关,起动发动机并保持运转 3~5min 后,关闭点火开关,停止发动机运转。

⚠ 提示

保持发动机运转一段时间,目的是预热发动机,便于进行接下来的发电机性能检查。

4 发动机预热完毕。1号转动点火开关位于"ON"挡位,此时位于组合仪表中的充电指示灯应点亮。

> 提示

此时充电指示灯点亮,说明点火开关至充电指示灯间的电路正常,无短路、断路及指示灯泡损坏故障。

5 1号再次起动发动机,并逐渐升高发动机转速,当发动机转速达到600~800r/min(发电机转速1200~2000r/min)时,充电指示灯应自动熄灭。

> 提示

此时如果充电指示灯自动熄灭,证明充电指示灯电路正常,发电机发电。但发电机发电量的大小,还需使用万用表进行检查。

第三步 检查发电机输出电压

1 1号将数字式万用表调置DC×20V挡位后,将"+"表笔接蓄电池正极柱;"-"表笔搭铁。

> 提示

(1)万用表的DC×20V挡,用于测量20V以下的直流电压。

(2)注意万用表的表笔极性应与蓄电池的接线柱极性相一致。

2 1号按下万用表开关按钮,显示屏上显示电压,即为蓄电池空载电压,正常值为12~12.6V。

> 提示

记住此时的电压值,便于进行比较,确定发电机发电状况。

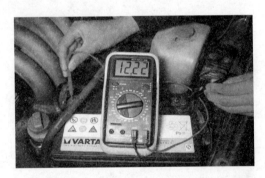

3 2号起动发动机,逐渐升高发动机转速。当发动机转速高于怠速转速(700~800r/min)时,1号观察万用表,指示电压值应高于蓄电池的空载电压值,并且随发动机转速升高而稳定在某一调节电压值。

> 提示

(1)如果万用表指示电压值高于蓄电池空载电压,且随发动机转速的升高而继续增大,证明发电机能够发电,而电压调节器有故障。

(2)如果万用表指示电压值随发动机转速的升高而保持或低于蓄电池的空载电压,证明发电机或调节器有故障,应作进一步检查,最终确定故障部位。

调节器。

(2)如果发动机转速升高,电压值仍等于或低于蓄电池的空载电压,则故障出于发电机,即发电机不发电。

4 1号使用一根跨接线,将发电机的磁场端子与输出端子(+B)的导线连接起来。

第四步 检查发电机输出电流

 提示

(1)桑塔纳2000GSi型轿车发电机采用外搭铁型调节器,使用导线跨接发电机的磁场端子与输出端子,这样便将磁场绕组的电路不经电压调节器直接接通。

(2)对于采用内搭铁型调节器的发电机而言,可使用导线跨接磁场端子和搭铁端子(E),将磁场绕组的电路直接接通。

1 1号拆下发电机+B接线柱上的连接导线后,将电流表的一鳄鱼夹夹持在发电机输出端子(+B)接线柱上,将另一鳄鱼夹夹持在连接导线上。这样便将电流表与发电机的电流输出电路连接起来。

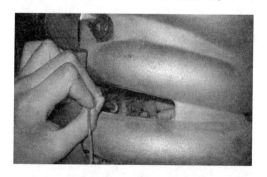

5 2号起动发动机,并将其转速升到高于急速转速。1号观察万用表指示电压值。

2 2号起动发动机,并将发动机转速升高到2000r/min,此时电流表指示数值应小于10A。

 提示

 提示

(1)如果电压值随发动机转速升高而增大,则说明发电机能发电,故障出于电压

如果电流表显示发电机的空载电流过大,则说明蓄电池充电不足或有故障,应充

21

电或更换蓄电池。

3 2号打开灯光、暖风或空调（夏季）开关。

 提示

检验发电机负载运行性能。

4 继续保持发动机 2000r/min 运转，1号观察电流表显示数值应大于30A。最后取下电流表并放置到仪器箱中。

 提示

如果电流值小于30A，则说明发电机功率不足，应检修或更换发电机。

第五步　拆卸蓄电池负极电缆

1 2号将 φ10mm 套筒、接杆、棘轮扳手传递给1号。

2 1号使用工具拧松蓄电池负极电缆的固定螺栓，然后从接线柱上取下电缆，并使电缆可靠离开蓄电池负极接线柱。

 提示

（1）拆卸蓄电池负极电缆时，应保持点火开关处于OFF状态。

（2）断开蓄电池与电气系统的连接电路，目的是防止在拆卸发电机的过程中，因导线搭铁产生电动势而损坏微机控制单元（ECU）和用电设备。

第六步　拆卸发电机

1 2号将 16-17mm 开口扳手传递给1号。

2 1号用开口扳手的17mm开口端卡住发电机皮带张紧机构上的调整凸块,用力向发电机侧扳动扳手使张紧机构顺时针转动一定角度,当张紧机构上的定位孔与其支架上的挡块对齐时,1号将2号传递来的定位销钉插入定位孔中,定位销钉被支架上的挡块阻挡,张紧机构被固定在该位置。

⚠ 提示

(1)在使用工具转动张紧机构时,要保持工具垂直。因为张紧机构弹力较大,如果用力时工具歪斜,容易使工具滑脱伤手。

(2)定位销插入定位孔后,要稍稍转动张紧机构,确定定位销已被支架挡块可靠阻挡后,方可松开工具。否则,张紧机构将弹回伤手。

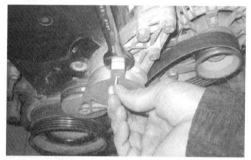

3 张紧机构被固定后,1号确认发电机传动带已松弛。

⚠ 提示

张紧机构被固定后,张紧轮对传动带的压紧力消失,传动带变松。这时取下传动带便会轻松省力。

4 1号将传动带从发电机皮带轮、动力转向油泵皮带轮、曲轴皮带轮上取下来。

⚠ 提示

(1)取下传动带时,操作人员的双手要干净。禁止将油脂、油液及水等沾附到传动带上。

(2)如果取下传动带时较困难,可先将传动带从张紧轮或导向轮上脱出,这样便会更容易些。

5 1号使用2号传递来的φ6mm内六角扳手,拧松发电机支架上端的1条固定螺栓。

⚠ 提示

内六角扳手的使用方法:松开或紧固螺栓时,要手握长杆,省力;旋入或旋出螺栓时,要手握短杆,快速;扳手在螺栓的螺母中要插入到位,防止滑出;严禁使用过度磨损的内六角扳手,否则,容易损坏螺栓。

6 1号使用2号传递来的φ8mm内六角扳手,拧松发电机支架下端的1条固定螺栓,然后将工具递还2号。

> 提示
>
> 内六角扳手的使用方法,请参阅前文说明。

7 1号用手旋下发电机两条固定螺栓并传递给2号。2号将螺栓、工具分别摆放到零件车、工具车上。

8 2号将木柄锤传递给1号。

9 1号将木质锤柄插入发电机和支架间的空隙中,撬动发电机。

> 提示
>
> 发电机和支撑架之间的配合很紧密,即使发电机的固定螺栓已全部拆下,直接用手取出发电机也是比较困难的。使用木质撬棒松动发电机,可降低取出发电机的难度。

10 1号从支架上取出发电机后,使用2号传递来的φ13mm套筒、棘轮扳手,拧松发电机后端盖上的+B接线柱固定螺母。取下螺母后,将导线脱离+B接线柱。

> 提示
>
> (1)+B接线柱上的导线是发电机与蓄电池之间的电流通道。发电机可向所有用电设备(起动机除外)供电,同时还向蓄电池充电。
>
> (2)拆卸导线时,要扶稳发电机,避免发电机滑落受到损伤。

11 1号使用1号传递来的φ10mm套筒、棘轮扳手,拧松发电机后端盖上的励磁导线固定螺母。取下螺母后,将导线脱离接线柱。

> 提示
>
> 发电机通过励磁导线为磁场绕组提供励磁电流,保证发电机在低速时能够快速建立电压,并由他励状态转变为自励状态。

项目二 检查或更换发电机

滑扣。

12 1号将发电机传递给2号。2号将其摆放到零件车上。

> 提示
>
> 在拆卸、传递和摆放发电机的过程中,应轻拿轻放,严禁碰摔。否则,发电机容易损坏。

2 1号将励磁导线套装在接线柱上,用手旋上螺母。使用2号传递来的 $\phi 10mm$ 套筒、棘轮扳手,拧紧磁场导线固定螺母。

> 提示
>
> 对励磁导线和接线柱以及固定螺栓的力矩要求,与安装+B导线相同,请参阅上文说明。

第七步 安装发电机

1 1号将+B导线套装在+B接线柱上,用手旋上螺母。使用2号传递来的 $\phi 13mm$ 套筒、棘轮扳手拧紧+B接线柱固定螺母。

> 提示
>
> (1)安装+B导线时,要保持导线接线端与+B接线柱间的接触面清洁无锈蚀物、腐蚀物。否则,电阻增大,发电机输出电压下降。必要时,使用细砂布打磨接触面。
>
> (2)导线固定螺母拧紧力矩应适当,过小,会造成线路虚接;过大,螺栓容易

3 1号先将发电机下支撑臂插入固定在汽缸体上的支架上,然后将发电机推向汽缸体一侧,调整发电机位置,使发电机支撑臂的螺栓孔与其支架的螺栓孔对齐。

> 提示
>
> 发电机下支撑臂与支架之间配合间隙较小,因此,安装发电机时比较困难,应放正且左右摆动才能将发电机安装到位。

4 1号将发电机的两条固定螺栓用手旋入螺栓孔内,然后使用 φ6mm 和 φ8mm 内六角扳手,将螺栓力矩拧紧到适当力矩。固定螺栓规定力矩分别为 25N·m 和 45 N·m。

> 提示
>
> 发电机两条固定螺栓的拧紧力矩应符合规定要求。

5 1号将发电机皮带安装到曲轴和发电机的皮带轮、导向轮、张紧轮上,并确认皮带安装走向正确且到位;否则,重新安装调整。

> 提示
>
> (1)安装传动带时,保持双手干净,严禁将油液、油脂及水等沾附到皮带、皮带轮上。否则,将导致传动打滑。
> (2)传动带安装后,要对传动带走向和安装情况进行确认,以免返工费时或损坏传动带。

6 1号使用 16-17mm 开口扳手,卡住皮带张紧机构上的凸块,转动张紧机构微量角度,使定位销钉松动,然后取出定位销钉。

> 提示
>
> 定位销钉取出后,张紧机构很大的弹力作用到扳手上,此时操作人员用力应持续。否则,张紧机构急速弹回,会造成人身伤害。

7 1号缓缓放松张紧机构,使张紧轮压向传动带,直到张紧机构不再下降为止,取下扳手并传递给2号。

> 提示
>
> 放松张紧机构的过程中,动作一定要缓慢。否则,张紧机构的弹力会使张紧轮对皮带产生很大的冲击力,容易造成皮带损伤。另外,也容易造成人身伤害。

8 1号用手按压传动带,检查传动带的松紧度。

🔔 提示

(1) AJR 型发动机采用的发电机皮带张紧机构,可自动将皮带挠度控制在一定的范围内,不需要人工进行调整。

(2) 用拇指力量按压皮带时,以新皮带挠度 2mm、旧皮带挠度 5mm 为正常。如果皮带挠度不在规定范围内,应更换皮带或皮带张紧机构,进行调整。

第八步 安装蓄电池负极电缆

1 1号使用砂布清理负极电缆夹内孔和蓄电池负极柱,保持两者接触面清洁。

🔔 提示

保持蓄电池极柱和电缆间良好接触,有利于减小电路中的电阻,保证电路畅通。

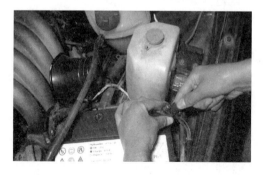

2 1号将负极电缆夹套装到蓄电池负极柱上之后,使用2号传递来的 φ10mm 套筒、接杆、棘轮扳手,拧紧蓄电池负极电缆夹的固定螺栓。

🔔 提示

电缆夹固定螺栓的拧紧力矩应适当。若力矩过小,会造成线路虚接;若力矩过大,固定螺栓容易滑扣。

第九步 发电机运行检查

1号按照发电机性能检查的步骤和要求,再次对发电机的输出电压、电流等性能指标进行检测,确保发电机的正常使用性能。

🔔 提示

发电机检查的详细步骤和具体要求,请参阅前文说明,在此不再赘述。

第十步 整理工位

参见"整理工位"。

八、考核标准

考核标准表

考核时间	序号	考核项目	满分	评分标准	得分
20min	1	作业前整理工位	3	酌情扣分	
	2	检查驻车制动器和变速器挡位	2	检查遗漏扣2分	
	3	粘贴翼子板护裙	3	操作不当扣3分	
	4	安装驾驶室内保护罩	3	操作不当扣3分	
	5	检查发电机皮带的挠度	4	检查不当扣4分	
	6	检查充电指示灯的状态	6	操作不当扣6分	
	7	测量蓄电池电压	6	操作不当扣6分	
	8	测量发电机的输出电压	9	操作不当扣9分	
	9	正确使用万用表	5	操作不当扣5分	
	10	根据输出电压分析发电机故障	7	分析错误扣7分	
	11	连接电流表与蓄电池	5	操作不当扣5分	
	12	检查发电机的空载电流	9	操作不当扣9分	
	13	检查发电机的负载电流	9	操作不当扣9分	
	14	拆装蓄电池的负极电缆	5	操作不当扣5分	
	15	拆装发电机	6	操作不当扣6分	
	16	拆装发电机皮带	3	操作不当扣3分	
	17	拆装发电机连接导线	4	操作不当扣4分	
	18	发电机装车后性能检查	8	操作不当扣8分	
	19	作业后整理工位	3	酌情扣分	
	20	遵守相关安全规范		因违规操作造成人身和设备事故的,总分按0分计	
		分数合计	100		

项目三 检查或更换起动机

一、项目说明

1. 概述

发动机借助外力由静止状态过渡到自行运转状态的过程,称为发动机起动。发动机的起动方式有多种,但由于电力起动具有操作简便、起动迅速的特点,并具备重复起动能力,可以实现远距离控制。因此,在现代汽车上被广泛采用。

起动机是汽车电力起动系统中非常重要的装置。它受点火开关控制,工作时产生转动曲轴和飞轮的转矩,使发动机起动运转。起动机在使用过程中,电磁开关会产生线圈烧断、触点烧蚀、接线柱松动等故障;电动机会产生电刷过度磨损、换向器烧蚀或脏污、电枢"扫膛"及线路搭铁或短路等故障;传动机构会产生单向离合器失效、驱动齿轮严重磨损或损伤、拨叉脱落或变形等故障。以上故障会导致发动机起动时出现起动机不转、起动机运转无力及起动机空转等,给汽车的正常使用带来极大不便。所以,应加强对起动机的检查与维护,及时排除故障隐患,必要时更换起动机,确保起动机保持良好的起动性能。下面以桑塔纳 2000GSi 型轿车为例,来说明检查或更换起动机的操作步骤和技术规范。

2. 汽车起动系的组成与工作原理

汽车起动系由蓄电池、点火开关、起动机及其继电器等组成。当点火开关旋至起动挡时,电动机开始转动并产生转矩,同时电磁开关将传动机构中的驱动齿轮推出,使之与发动机的飞轮齿圈啮合,将电动机的转矩传递给飞轮,飞轮带动曲轴旋转,使发动机起动运转。

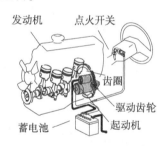

汽车起动系的组成

3. 起动机的结构与工作原理

常规起动机由直流串励式电动机、单向传动机构和控制装置(电磁开关)三部分组成。

当点火开关位于起动挡时,电流方向为:蓄电池→点火开关→端子 50→保持线圈→搭铁。此时,吸引线圈中也有电流流过,方向为:蓄电池→点火开关→端子 50→吸引线圈→端子 C→励磁线圈→电枢→搭铁。此时,吸引线圈和励磁线圈中的电流较小,电动机低速旋转。同时,吸引线圈和保持线圈产生的磁场吸引活动铁芯右移,使与活动铁芯相连的拨叉拨动驱动齿轮和飞轮齿圈啮合。

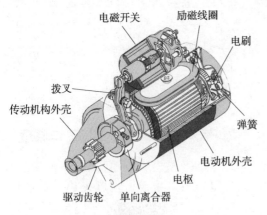

起动机的结构

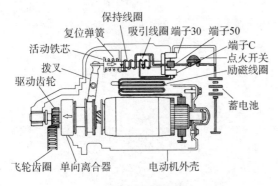

起动机的工作原理

当驱动齿轮与飞轮齿圈啮合后,与铁芯连在一起的接触片将端子30和端子C接通,通过电动机的电流增大,电动机转速升高。此时由于吸引线圈两端电压相等,所以无电流通过。保持线圈产生的电磁力使活动铁芯保持原位。此时电流方向分别是:蓄电池→点火开关→保持线圈→搭铁;蓄电池→端子30→端子C→励磁线圈→电枢→搭铁。

当点火开关回到ON挡位时,切断了端子50上的电压。此时保持线圈和吸引线圈中的电流方向相反,因此电磁力消失。活动铁芯复位,驱动齿轮与飞轮齿圈脱离,同时端子30和端子C间的电路中断,电动机停止转动,起动过程结束。

二、技术标准与要求

(1)安装桑塔纳2000GSi型轿车配套使用起动机。

(2)拆卸起动机前断开蓄电池负极电缆。

(3)起动机技术参数:

型 号	QD1225、QD1229
额定电压(V)	12
额定功率(kW)	0.95
制动电流(A)	≤480
起动电流(A)	110
最大输出转矩(N·m)	≥13
驱动齿轮齿数(个)	9
压力角(°)	12
驱动齿轮模数(mm)	2.1167
质量(kg)	4.7

(4)起动机相关螺栓拧紧力矩为:

起动机固定螺栓62N·m;端子30接线柱固定螺母13N·m。

(5)起动系电路正常,蓄电池电压12V。

三、实训时间:40min

四、实训教学目标

(1)了解检查或更换起动机的重要性。

(2)熟悉起动机的结构和工作原理。

(3)掌握检查或更换起动机的操作技能。

五、实训器材

蓄电池

跨接线

其他工具及器材：台虎钳、φ13mm 套筒、φ10mm 套筒、接杆、棘轮扳手、砂布、翼子板护裙、驾驶室内保护罩等。

六、教学组织

1. 教学组织形式

每辆车安排 4 名学生参与实训，两名学生为一组。一组操作，一组观察学习。

2. 学生站位分工和要求

两名学生一组，按照 1 号、2 号进行编号，1 号为主，2 号辅助。

3. 实训教师职责

讲解操作步骤和注意事项；下达"操作开始"口令；工位间巡视、检查、指导和纠正错误。

4. 学生职责变换

两名学生实行职责变换制度，即第一遍 1 号为主，2 号辅助；第二遍 2 号为主，1 号辅助。

七、操作步骤

第一步 事前准备

参见"事前准备"。

第二步 拆卸蓄电池负极电缆

1 2 号将 φ10mm 套筒、接杆、棘轮扳手传递给 1 号。

2 1 号使用工具拧松蓄电池负极电缆的固定螺栓，然后从接线柱上取下负极电缆，并使负极电缆可靠离开蓄电池接线柱。

> 提示
>
> （1）拆卸蓄电池负极电缆时，应保持点火开关处于 OFF 状态。
>
> （2）断开蓄电池与电气系统的连接电路，目的是防止在拆卸发电机的过程中，因导线搭铁产生电动势而损坏微机控制单元（ECU）和用电设备。

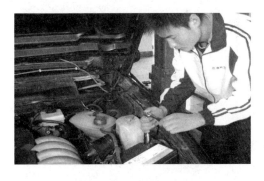

第三步 拆卸起动机

1 2 号操纵举升机，将车辆举升到适当高度后，可靠锁止提升臂。

2 1号用手拔下起动机端子50接线柱上的导线插头。

> 提示
>
> 起动机电磁开关上的端子50接线柱通过导线与点火开关相通,当点火开关旋置起动挡(START)时,蓄电池中的电流经点火开关流过电磁开关的保持线圈、吸引线圈、端子C及电动机的励磁线圈、电枢绕组。此时起动机的驱动齿轮与飞轮齿圈相啮合,起动机低速旋转。

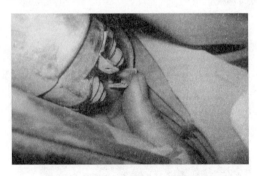

3 2号将 φ13mm 套筒、接杆、棘轮扳手组合后传递给1号。

4 1号使用 φ13mm 套筒、接杆、棘轮扳手,拧松起动机上的端子30接线柱固定螺母,然后将工具递还2号。

> 提示
>
> 端子30接线柱由铜质材料制成,电阻小,导电性能好。

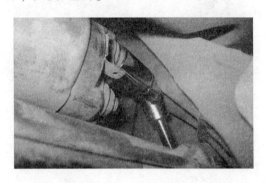

5 1号用手旋下端子30接线柱固定螺母,并从接线柱上脱出导线。最后将固定螺母旋到接线柱上。

> 提示
>
> 端子30接线柱通过导线与蓄电池"+"极柱相通,为火线。因此,在拆卸起动机之前应断开蓄电池与电气系统的电路,避免因起动机的火线意外搭铁而损坏汽车电器设备和电控单元。

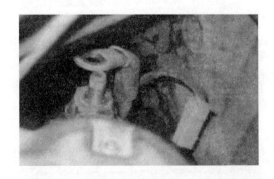

6 2号扶住起动机的前端盖。1号使用2号传递来的 φ13mm 套筒、接杆、棘轮扳手,彻底拧松起动机的3条固定螺栓。

项目三　检查或更换起动机

> 提示
>
> （1）螺栓位置隐蔽且空间狭小，应配合灯光照明，同时注意不要碰伤手。
> （2）热车情况下拆卸起动机，应注意防止排气管烫伤。
> （3）拆卸起动机时，1号、2号配合进行，防止固定螺栓拧松后，起动机掉落到地面上造成损伤。

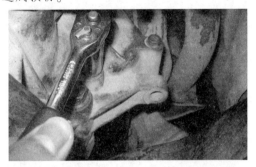

7 1号取下起动机的3条固定螺栓，2号接收工具、螺栓并分别摆放到工具车、零件车上。

8 2号适当调整起动机在安装空间内的位置，取出起动机，放置到操作台上。

> 提示
>
> 起动机所处位置较隐蔽，且空间狭小。取出时，应适当调整起动机在安装空间中的位置，禁止发生碰撞，以免损伤起动机。

第四步　检查电磁开关的吸引线圈和保持线圈

1 1号将起动机固定在台虎钳上。

2 1号使用12～13mm梅花扳手，拧松电磁开关端子C接线柱固定螺栓。

> 提示
>
> 当端子C与端子30接通时，蓄电池中的电流流经电动机的励磁线圈和电枢绕组，此时电动机高速旋转。

3 1号用手旋下端子C接线柱固定螺母后,将导线从接线柱上脱出,并可靠离开接线柱。

> 提示

(1) 通过导线将电磁开关上的端子C与电动机的励磁线圈、电枢绕组接通。

(2) 为防止导线在起动机检查过程中与端子C接触,建议将导线使用绝缘胶布包裹起来。

4 1号使用跨接线,将蓄电池"+"极柱与电磁开关上的端子50接线柱连接起来。

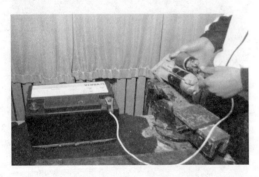

5 1号使用跨接线,将蓄电池"-"极柱与电磁开关上的端子C接线柱连接起来。

6 1号使用跨接线,将蓄电池"-"极柱与起动机驱动端盖连接起来。

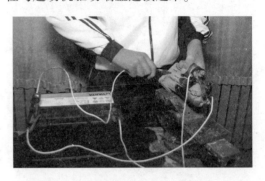

说明:

此时电流流经吸引线圈的路线为:蓄电池"+"极柱→端子50→吸引线圈→端子C→蓄电池"-"极柱。

同时电流流经保持线圈的路线为:蓄电池"+"极柱→端子50→保持线圈→蓄电池"-"极柱。

当电磁开关的保持线圈和吸引线圈中有电流流过时,线圈共同产生的电磁力使活动铁芯向外移动,与活动铁芯相连接的拨叉便拨动驱动齿轮外移伸出。

7 1号观察电动机的驱动齿轮是否伸出。

> 提示

如果驱动齿轮没有伸出,则证明电磁开关的吸引线圈存在故障,应更换电磁开关。

8 1号断开电磁开关上的端子C跨接线,此时驱动齿轮应保持伸出位置不变。

项目三　检查或更换起动机

> **提示**
>
> 如果驱动齿轮缩回复位,则说明电磁开关的保持线圈有故障,应更换电磁开关。

9 1号断开起动机搭铁线,此时驱动齿轮应缩回复位。

> **提示**
>
> 如果驱动齿轮不能够迅速缩回复位,则说明电磁开关的保持线圈有故障,应更换电磁开关。

第五步　起动机空载运行测试

1 1号将导线套装到电磁开关的端子C接线柱上,并用手旋紧固定螺母。

> **提示**
>
> 端子C接线柱由铜质材料制成,电阻小,导电性能好,但螺杆上的螺纹强度低,容易损伤,因此,要用手对正螺纹后再旋上螺母。

2 1号使用12~13mm梅花扳手,拧紧端子C固定螺母。固定螺母拧紧力矩为13N·m。

> **提示**
>
> 端子C固定螺母拧紧力矩应符合规定要求。若力矩过大,则螺栓容易滑扣;若力矩过小,电路虚接,容易造成电磁开关触点烧蚀及励磁线圈过热烧毁。

3 1号使用跨接线将蓄电池的"+"接线柱与起动机电磁开关的端子50接线柱连接起来。

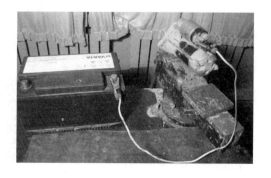

4 1号使用跨接线将蓄电池"+"极柱与起动机电磁开关的端子30接线柱连接起来。

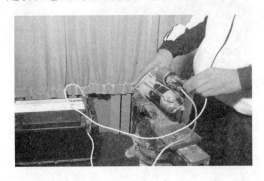

5 2号用手扶住起动机,1号使用跨接线将蓄电池"-"接线柱与起动机壳体连接起来。

> 💡 提示
>
> (1)此时起动机的驱动齿轮伸出,同时电动机高速旋转。电动机高速旋转时,应转速均匀且强劲有力,无杂音、碰擦、抖动现象。否则,应拆检起动机。
>
> (2)2号扶住起动机,防止因旋转振动,起动机从台虎钳上掉落损伤。

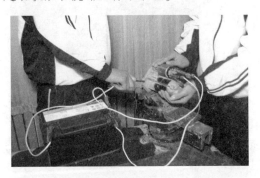

6 1号断开电磁开关的端子50接线柱导线,起动机停止运转,同时驱动齿轮迅速缩回复位。

> 💡 提示
>
> 断开端子50接线柱上的导线后,保持线圈和吸引线圈的电磁力相互抵消,活动铁芯在复位弹簧作用下复位,驱动齿轮缩回复位,同时端子30与端子C电路断开,起动机励磁线

圈和电枢中无电流通过,起动机停止运转。

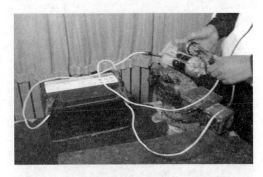

7 起动机检查完毕。1号拆除蓄电池与起动机之间的跨接线。

> 💡 提示
>
> 拆除跨接线时,先拆除蓄电池"-"极柱导线,再拆除"+"极柱导线。严禁将导线两端与蓄电池的"+"极柱和"-"极柱搭联。否则,将导致蓄电池快速损坏。

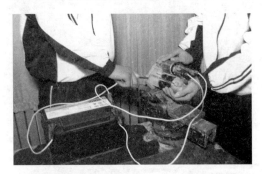

说明:

电路连接后,有以下几条电路有电流流过:

保持线圈电流方向。蓄电池"+"极柱→端子50→保持线圈→搭铁→蓄电池"-"极柱。

吸引线圈电流方向。蓄电池"+"极柱→端子50→端子C→励磁线圈→电枢→搭铁→蓄电池"-"极柱。

在保持线圈和吸引线圈共同产生的电磁力作用下,活动铁芯向右移动,驱动齿轮伸出,同时接触片连接端子30和端子C。此时励磁线圈和电枢中有大电流流过,电动

机高速旋转。电流方向为:蓄电池"+"极柱—端子30→端子C→励磁线圈→电枢→搭铁→蓄电池"-"极柱。

第六步 检查起动机单向离合器

1 1号逆时针转动驱动齿轮,驱动齿轮应被锁止。

> 提示
>
> 如果驱动齿轮逆时针转动时不能够被锁止,应更换驱动齿轮和单向离合器总成。否则,起动发动机时驱动齿轮空转,发动机不能起动。

2 1号顺时针转动驱动齿轮,驱动齿轮应转动自如。

> 提示
>
> 如果顺时针转动驱动齿轮时出现卡滞或转动阻力过大现象,应更换驱动齿轮和单向离合器总成。否则,发动机起动后驱动齿轮不能够顺利与飞轮齿圈脱开,超高速运转容易烧毁电动机线圈。

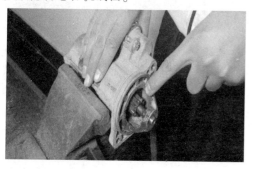

第七步 安装起动机

1 1号将起动机与变速器壳上的螺栓孔对齐后,将2号传递来的3条固定螺栓,旋入起动机驱动端盖凸缘的螺纹孔中。

> 提示
>
> 起动机上端固定螺栓,位置隐蔽,空间狭小,安装时要有耐心。可将螺栓插入 $\phi 13mm$ 套筒内,转动套筒旋入,此方法较为实用。

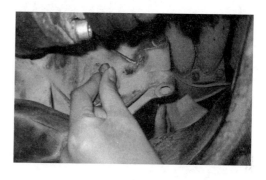

2 2号将 $\phi 13mm$ 套筒、接杆、棘轮扳手组合后传递给1号。

3 1号使用 $\phi 13mm$ 套筒、接杆、棘轮扳手,将起动机的3条固定螺栓按照"多遍紧固"要求拧紧到规定力矩。螺栓拧紧力矩为 $62N \cdot m$。

> 提示
>
> 安装起动机时,要注意以下几点:

(1) 保证起动机驱动端盖凸缘上的接合面与连接板贴合。

(2) 螺栓要分多遍拧紧，以免起动机壳体变形破裂。

4 1号将与蓄电池相连的导线，套装到电磁开关的端子30接线柱上。

> **提示**
>
> 保证导线接头上下接触面清洁，无锈蚀物和腐蚀物，必要时用砂布清理。如果导线接头脏污，将导致电阻增大，电压降低，起动机运转无力，发动机起动困难甚至难以起动。

5 1号用手旋紧固定螺母。

> **提示**
>
> 端子30接线柱系铜质材料制成，电阻小，导电性能好，但螺杆上的螺纹强度低，容易损伤，因此要对正螺纹后再旋上螺母。

6 1号使用2号传递来的 $\phi 13mm$ 套筒、接杆、棘轮扳手，拧紧端子30接线柱固定螺母。固定螺母拧紧力矩为 $13N \cdot m$。

> **提示**
>
> 端子30接线柱固定螺母拧紧力矩应符合规定要求。若力矩过大，则螺栓容易滑扣；若力矩过小，电路虚接，容易造成电磁开关触点烧蚀。

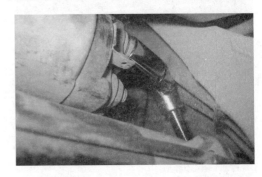

7 2号接收工具，擦拭后摆放到工具车上。

8 1号将来自点火开关的导线插头插到端子50接线片上。

项目三　检查或更换起动机

> **提示**
>
> 确保导线插头与端子 50 接线片可靠接触。如果插头松动，可使用尖嘴钳夹紧。

第八步　安装蓄电池负极电缆

1 2 号操纵举升机，将车辆降落到地面上。

2 1 号使用砂布除去电缆夹内接触面的污物。

> **提示**
>
> 电缆夹与蓄电池极柱间，应保持良好接触。否则，将增大蓄电池的输出电阻，输出电压下降，造成起动机转速低，发动机起动困难。

3 1 号将负极电缆夹安装到蓄电池的"－"接线柱上。之后，使用 φ10mm 套筒、接杆、棘轮扳手，拧紧负极电缆夹的固定螺栓。螺栓紧固力矩为 5N·m。

> **提示**
>
> 电缆夹的固定螺栓要按照规定力矩拧紧。否则，电缆夹可能会松动，蓄电池输出电压降低。

第九步　检查发动机负载起动性能

2 号进入驾驶室，打开点火开关，起动发动机，检查起动机的负载起动性能。若性能正常，关闭点火，停止发动机运转。至此，检查或更换起动机操作完毕。

> **提示**
>
> 如果点火开关旋至起动挡时，起动机旋转有力，发动机起动迅速；点火开关退至 ON 挡时，起动机停转迅速，驱动齿轮复位正常。则证明起动机性能良好。否则，重新检修起动机。

第十步 整理工位

参见"整理工位"。

八、考核标准

考核标准表

考核时间	序号	考核项目	满分	评分标准	得分
20min	1	作业前整理工位	5	酌情扣分	
	2	工位停车	4	停车不当扣4分	
	3	车辆可靠停驻	4	操作不当扣4分	
	4	安装驾驶室内保护罩	4	操作不当扣4分	
	5	连接V.A.G 1552故障阅读仪	8	操作不当扣8分	
	6	ABS系统故障查询	10	操作错误扣10分	
	7	清除故障代码	10	操作错误扣10分	
	8	读取轮速传感器的测量数据块	10	操作错误扣10分	
	9	取下V.A.G 1552故障阅读仪	8	操作不当扣8分	
	10	拆装轮速传感器	8	操作不当扣8分	
	11	检测轮速传感器	10	操作不当扣10分	
	12	举升或降落车辆	7	操作不当扣7分	
	13	仪器维护与使用	7	酌情扣分	
	14	作业后整理工位	5	酌情扣分	
	15	遵守相关安全规范		因违规操作造成人身和设备事故的,总分按0分计	
		分数合计	100		

项目四　更换点火开关

一、项目说明

1. 概述

点火开关主要用来接通或断开发动机点火电路,控制起动电路、发电机励磁电路、仪表电路及其他辅助电器设备的电路。现代汽车通常采用锁式点火开关,它一般安装在仪表台或转向柱上,有4个挡位,使用钥匙开启与关闭。轿车的点火开关常配有主钥匙、副钥匙和钥匙编码标签。主钥匙通常与加油口盖、汽车门锁、行李舱锁通用,副钥匙仅用于车门锁,钥匙编码标签是在钥匙丢失后,作为向厂家索配的依据。

点火开关的常见故障有锁芯滑转、转向盘锁止失效、开关松旷或卡滞及挡位失准等,给汽车防盗、发动机起动与运转及附属电器设备使用带来很大影响。因此,应及时更换点火开关,恢复汽车正常使用性能。下面以桑塔纳2000GSi型轿车为例,来说明更换点火开关的操作步骤和技术规范。

2. 点火开关的组成与功能

锁式点火开关通常有锁芯和点火开关两部分组成。钥匙插入锁芯后,可转动锁芯,使与锁芯相连接的开关接通或断开相关电路,开关通过导线和外电路连接。钥匙从点火开关中拔出后,点火开关自动锁止转向盘,起到防盗作用。

点火开关通常有断电及锁止(LOCK)、附件(ACC)、点火(ON)、起动(START)4个挡位。当点火开关由LOCK转到ACC挡位时,转向盘解锁,同时接通收放机和点烟器电路;转到ON挡位时,接通发动机点火、发电机励磁线圈、仪表、转向信号、刮水器等电路及附件所有电路;当转到START挡位时,接通起动电路和点火电路,点火开关在该挡位不能锁止,松手后在弹簧作用下自动回到ON挡位。点火开关只能在LOCK挡位才能拔下,转向盘被锁止于该位置。现在许多轿车的点火开关中设有防盗装置,钥匙中放置防盗芯片,只有钥匙芯片发出的信息通过点火开关传送到防盗电脑被确认后,才能够起动发动机。

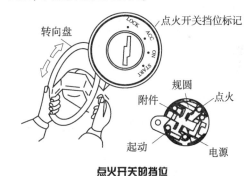

点火开关的挡位

二、技术标准与要求

(1)安装桑塔纳2000GSi型轿车配套使用的点火开关。

(2)断开蓄电池负极电缆后,方可拆装点火开关。

(3)拆卸转向盘时,要保持汽车处于直线行驶状态。

(4)转向盘固定螺母紧固力矩应符合规定要求。

三、实训时间:30min

四、实训教学目标

(1)了解更换点火开关的必要性。
(2)熟悉点火开关的组成与功能。
(3)掌握更换点火开关的操作技能。

五、实训器材

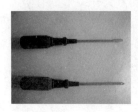

十字螺丝刀、一字螺丝刀　　鲤鱼钳

其他工具及器材:φ24mm套筒、φ10mm套筒、接杆、棘轮扳手、扭力扳手、驾驶室内保护罩、翼子板护裙等。

六、教学组织

1. 教学组织形式

每辆车安排4名学生参与实训,两名学生为一组。一组操作,一组观察学习。

2. 学生站位分工和要求

两名学生一组,按照1号、2号进行编号,1号为主,2号辅助。

3. 实训教师职责

讲解操作步骤和注意事项;下达"操作开始"口令;工位间巡视、检查、指导和纠正错误。

4. 学生职责变换

两名学生实行职责变换制度,即第一遍1号为主,2号辅助;第二遍2号为主,1号辅助。

七、操作步骤

第一步　事前准备

参见"事前准备"。

第二步　拆卸蓄电池负极电缆

1 2号将φ10mm套筒、接杆、棘轮扳手传递给1号。

2 1号使用工具拧松蓄电池负极电缆的固定螺栓,然后从接线柱上取下负极电缆,并使负极电缆可靠离开蓄电池接线柱。

> **提示**
>
> (1)拆卸蓄电池负极电缆时,应保持点

火开关处于 OFF 状态。

（2）断开蓄电池与电气系统的连接电路，目的是防止在拆卸点火开关过程中，造成发动机误起动及导线搭铁短路而损坏电器设备。

第三步　拆卸转向盘

1 1号调整转向盘至中间位置，保持转向车轮为直线行驶状态。

💡 提示

调整车轮为直线行驶状态，便于确定转向盘的正确安装位置。当汽车直线行驶时，可保持转向盘位于中间位置。

2 1号将转向灯开关调整到中间位置。

💡 提示

转向灯开关有3个位置。向前推开关手柄时，右转向灯闪烁；退回中间位置时，电路断开信号灯熄灭；向后拉开关手柄时，左转向灯闪烁。

3 1号双手握住并下压转向盘盖板左右两侧，然后左手向右推，右手向上抬起盖板，将盖板右侧的锁扣从下盖中脱出。按照相同操作要求，脱出盖板左侧锁扣。

💡 提示

转向盘盖板下方的左右侧，各有两个锁扣，锁扣卡于下盖的圆孔边沿上。

4 1号用手拔下喇叭按钮的搭铁线。

💡 提示

转向盘盖板下方固定安装 W 形金属片，通过一条导线将 W 形金属片与车身搭铁。

5 1号取下锁扣上的4个弹簧。2号接收弹簧并摆放到零件车上。

> 提示
>
> 当压下盖板时弹簧被压缩,锁扣下行;当放松盖板时,弹簧伸张使锁扣上行。

6 转向盘盖板下方的W金属片上有4个凸起的触点。

7 盖板的下盖上同样固定安装有W形金属片,并且也有4个凸起的触点。

> 提示
>
> 转向盘的盖板与其下盖上的凸起触点相对齐。当按下盖板时,上下触点闭合;当放松盖板时,在弹簧作用下上下触点断开。

8 1号使用螺丝刀撬出下盖的4个锁扣。

9 1号用手拔下下盖上的导线插头。2号将下盖摆放到零件车上。

> 提示
>
> 转向盘下盖上的W形金属片,通过一条导线与连接盘上的滑环连接起来,滑环与安装在组合开关上的喇叭触点始终接触,喇叭触点和外电路相通。当按下转向盘盖板时,喇叭触点接通,喇叭鸣响;当放松转向盘盖板时,喇叭触点断开,喇叭停止鸣响。

10 2号将 $\phi24mm$ 套筒、接杆、扭力扳手组合后传递给1号。

11 2号双手握紧转向盘反向用力,阻止转向盘转动;1号使用工具拧松转向盘固定螺母。

> **提示**
>
> 拧松转向盘固定螺母时,需要1号、2号配合进行。

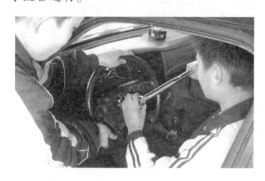

12 2号接收工具并摆放到零件车上。1号用手旋下转向盘固定螺母,然后取下波形垫圈。

13 2号将螺母和波形垫圈摆放到零件车上。

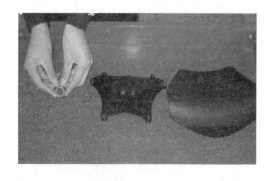

14 1号确认转向盘位于中间位置后,双手用力上托转向盘两对称端,将转向盘从转向柱花键中脱出。

> **提示**
>
> 如果转向盘与转向柱花键配合较紧,很难取下转向盘时,可采用两人配合方法进行拆卸。1人用力上拉转向盘;1人将固定螺母旋到转向柱上,并保持螺母与转向柱顶面平齐,然后使用铜棒、铁锤振动转向柱,使配合花键松动,便可轻松取下转向盘。

15 2号将转向盘摆放到工具车上。

第四步 拆卸组合开关罩盖

1 1号使用螺丝刀,旋下组合开关罩盖的3条自攻丝固定螺钉,并传递给2号。

> **提示**
>
> 螺钉拆卸后,应摆放在零件车上,以防丢失。

2 1号取下组合开关罩盖下壳、上罩盖,并传递给2号。

> 提示
>
> 取下组合开关上罩盖时,应注意调整角度,禁止生拉硬拽,以免损坏上罩盖。

3 2号将组合开关罩盖摆放到零件车上。

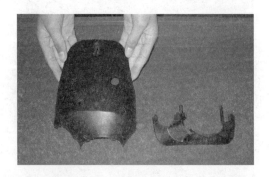

第五步 拆卸仪表台下护板

1 1号使用十字螺丝刀旋下防尘罩的两条自攻丝固定螺钉,并传递给2号。

> 提示
>
> 螺钉拆卸后,应摆放在零件车上,以防丢失。

2 1号取下防尘罩并传递给2号,2号将其摆放到零件车上。

> 提示
>
> 将防尘罩与其固定螺钉摆放在一起,可避免安装时螺钉错乱,有利于提高工作效率。

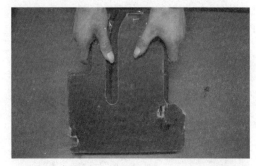

3 1号使用十字螺丝刀,旋下仪表台下护板的5条自攻丝固定螺钉并传递给2号。

> 提示
>
> 螺钉拆卸后,应摆放在零件车上,以防丢失。

4 1号将仪表台下护板取下并传递给2号,2号将其摆放到零件车上。

> 提示
>
> 将仪表台下护板与其固定螺钉摆放在一起,可避免安装时螺钉错乱,有利于提高工作效率。

第六步 拆卸组合开关

1 1号拔下转向灯开关电插头。

> 提示
>
> 禁止使用螺丝刀等类似工具撬别电插头,以免造成电插头损伤。

2 1号拔下刮水器电动机和玻璃清洗电动机开关电插头。

> 提示
>
> 禁止使用螺丝刀等类似工具撬别电插头,以免造成电插头损伤。

3 1号拔下前照灯变光开关电插头。

> 提示
>
> 禁止使用螺丝刀等类似工具撬别电插头,以免造成电插头损伤。

4 1号使用2号传递来的一字螺丝刀,旋出组合开关3个固定螺钉。2号接收工具并摆放到工具车上。

> 提示
>
> 组合开关的3个固定螺钉,旋入转向柱锁壳上的螺纹孔中。

5 1号取下组合开关并传递给2号。

6 2号将组合开关摆放到零件车上。

第七步 拆卸转向盘锁壳

1 1号将一字螺丝刀插入防盗系统的识读线圈外壳锁扣孔中,撬动锁扣,用手从点火开关上端取下识读线圈。

💡 提示

桑塔纳2000型轿车的防盗系统由带转发器的钥匙、识读线圈、防盗控制器和防盗指示灯组成。

2 1号拔下点火开关电插头。

💡 提示

点火开关上有4个位置,即LOCK(锁止)、ACC(解锁及附件)、ON(点火)、START(起动)。只有点火开关回到LOCK位置时,才可以拔出钥匙,同时锁定转向盘。

3 1号使用2号传递来的 φ6mm 内六角扳手,拧松转向柱锁壳的压紧螺栓。

💡 提示

锁壳套装在转向柱套管上,通过固定螺栓将锁壳箍紧于套管上。

4 1号从套筒上取出转向柱锁壳。

💡 提示

此时上段转向柱的驱动销可能会从下段转向柱的衬套中脱出,此为转向柱的安全机构。

第八步 拆卸点火开关

1 1号使用十字螺丝刀,旋出点火开关固定螺栓。

2 1号用手从承孔中取出点火开关。

> 提示
>
> 点火开关安装在锁壳内,其上部为锁芯总成,锁芯插入开关凹槽内。当锁芯转动时开关随之变换位置,接通或断开相应电路。另外,锁芯LOCK位置锁定转向盘。

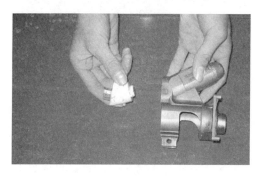

3 2号将转向柱锁壳、点火开关摆放到零件车上。

第九步 安装点火开关

1 1号对齐点火开关的凹槽和锁芯后,将点火开关安放到承孔中。

> 提示
>
> 如果点火开关不能够完全落座,证明点火开关的凹槽没有与锁芯对正。可用钥匙转动锁芯来调整锁芯位置,使点火开关落座。

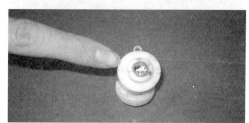

2 1号使用十字螺丝刀,旋紧点火开关的固定螺栓。

> 提示
>
> 点火开关的固定螺栓拧紧力矩应适当,若力矩过大,螺栓容易滑扣。

第十步　安装转向盘锁壳

1 1号使用钥匙转动锁芯至点火开关的 ACC 位置,使锁块缩回锁壳内。

> 提示
>
> 锁块缩回锁壳后,便于将锁壳套装在转向柱套管上。

2 1号将锁壳套装到转向柱套管上。

> 提示
>
> 套装锁壳时,上段转向柱有可能下落与下转向柱脱开。

3 1号检查上下转向柱是否脱开。

> 提示
>
> 桑塔纳 2000GSi 型轿车的转向柱为两段式,通过驱动销连接起来。此为安全机构或吸能装置,有利于在汽车发生碰撞时保护驾驶员生命安全。

4 1号拔出点火开关钥匙后,转动锁壳,将转向柱锁定。

> 提示
>
> 拔下点火开关的钥匙后,锁块弹出。当转动锁壳时,锁块便嵌入转向柱上的立槽内,使转向柱被锁定。

5 1号将螺栓穿过锁壳上的螺栓孔,然后使用 φ6mm 内六角扳手将螺栓拧紧到适当力矩,使锁壳固定在转向柱套管上。

项目四 更换点火开关

6 1号将电插头安插到点火开关的插座上。

> **提示**
> 安装电插头时,要注意其安装方向,以免损伤插针和插孔。同时要安装到位,否则,将影响点火开关正常工作。

7 1号将防盗系统的识读线圈安装到锁芯外壳上。

> **提示**
> 安装识读线圈时,下压并转动线圈外壳,使锁扣卡在锁壳的半圆凸起上。严禁敲击安装识读线圈,避免造成损坏。

8 1号将弹簧和垫圈套装到转向柱上。

9 1号使用铜棒、铁锤将垫圈下推到适当位置。

> **提示**
> 弹簧和垫圈均为转向柱的吸能装置。当转向柱受力下行时,弹簧可吸收部分冲击能量,从而减轻对驾驶员的伤害程度。

第十一步 安装组合开关

1 1号将组合开关安放到锁壳的承座上,对正螺栓孔后,使用一字螺丝刀将3个固定螺栓拧紧到适当力矩。

> **提示**
> 在锁壳上加工有组合开关承座及螺纹孔。

2 1号扳动转向灯开关手柄,将转向灯开关位于中间位置,使转向灯开关的分离爪齿缩回。

> **提示**
> 如果转向灯开关没有处于中间位置,此时分离爪齿伸出。当安装转向盘时,有可能

损坏分离爪齿。

3 1号安装前照灯变光开关的电插头。

> **提示**
>
> 安装电插头时,要注意其安装方向,以免损伤插针和插孔。同时要安装到位,否则,将影响变光开关正常工作。

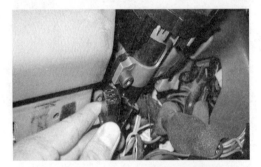

4 1号安装转向灯开关的电插头。

> **提示**
>
> 安装电插头时,要注意其安装方向,以免损伤插针和插孔。同时要安装到位,否则,将影响转向灯开关正常工作。

5 1号安装刮水器电动机和玻璃清洗电动机的开关电插头。

> **提示**
>
> 安装电插头时,要注意其安装方向,以免损伤插针和插孔。同时要安装到位,否则,将影响刮水器电动机和玻璃清洗机电动机的开关正常工作。

第十二步　安装仪表台下护板

1 2号将转向盘下方防护罩传递给1号。

2 1号将护板上的锁扣推入仪表台的锁孔中,将防护罩安装到仪表台上。

> **提示**
>
> 安装时,不要剧烈弯折防护罩。

3 1号使用2号传递来的十字螺丝刀,旋紧防护罩5条固定螺钉。

项目四　更换点火开关

> **提示**
>
> 自攻丝螺钉旋紧时,用力不要过大。否则,滑扣后压紧力反而变小。

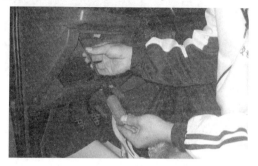

4 1号将防尘罩的开槽穿过制动踏板臂和加速踏板臂,右端与防护罩插接,左端通过螺钉固定在支架上。最后使用十字螺丝刀拧紧两侧自攻丝螺钉。

> **提示**
>
> 自攻丝螺钉旋紧时,用力不要过大。否则,滑扣后压紧力反而变小。

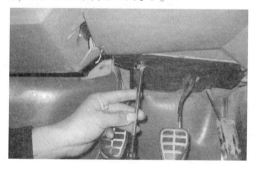

第十三步　安装组合开关罩壳

1 2号将组合开关罩壳传递给1号。

2 1号将上罩壳、罩壳下盖安装到组合开关上。

> **提示**
>
> 组合开关罩壳为橡胶材料制成的,安装时严禁生拉硬拽,并且要对齐罩壳上的定位销孔,注意调整上罩壳的安装角度。

3 1号使用2号传递来的十字螺丝刀,将3个自攻丝螺钉旋入螺钉孔并旋紧到适当力矩。

第十四步　安装转向盘

1 2号蹲立于车辆前方,观察两转向车轮是否保持直线行驶状态。

> **提示**
>
> 安装转向盘之前,要保持两转向车轮处于直线行驶状态。否则,不能够保证汽车直行时转向盘正直。必要时扳动车轮进行调整。

53

2 1号按照汽车直行方向,将转向盘安装到转向柱上。

> 提示
>
> 转向盘安装到转向柱上之后,可将盖板安放到转向盘上,如果盖板上的大众车标朝向汽车正前方向,则证明转向盘安装方向正确。否则,重新调整转向盘安装位置。

3 1号将垫圈套装到转向柱上,然后将固定螺母用手旋到转向柱螺纹杆上。

> 提示
>
> 用手旋上固定螺母,确保对正螺纹。禁止使用工具直接将固定螺母旋到转向柱上,一旦螺纹歪斜,便会造成螺纹损伤,严重者需更换固定螺母及上转向柱。

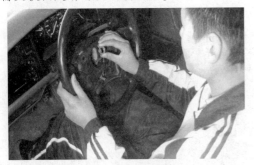

4 2号将 $\phi 24mm$ 套筒、接杆、扭力扳手组合后传递给1号。

5 2号双手握紧转向盘反向用力,阻止转向盘转动;1号使用工具将转向盘固定螺母力矩拧紧至40N·m。

> 提示
>
> 拧紧转向盘固定螺母时,需要1号、2号配合进行。

6 2号接收工具,擦拭后摆放到零件车上。

7 2号将转向盘的盖板下盖传递给1号。

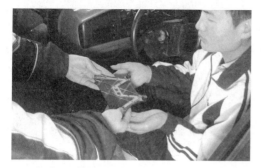

8 1号将汽车喇叭的黑色导线插头与盖板下盖上的"+"接线片连接起来,然后将棕色导线穿过盖板下盖上的方孔。

> 提示
>
> (1)连接导线与接线片时,应注意提示或标注。黑色导线一端与接触环连接,并且在导线穿孔外壳上标注有"+"符号,另外在盖板下盖的接线片附近也标注有"+"符号,即黑色导线为汽车喇叭的正极线。棕色导线即为汽车喇叭的搭铁线。
>
> (2)保证导线插头与接线片之间良好接触。如果插头松动,可使用尖嘴钳夹紧插头后再与接线片连接。

9 1号对正盖板下盖上的锁扣和转向盘上的圆孔后,用力将锁扣压入圆孔中,将盖板安装到位。

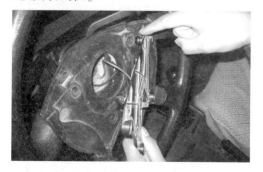

10 1号将汽车喇叭的搭铁线插头与盖板上的接线片连接起来。

> 提示
>
> 保证导线插头与接线片之间良好接触。如果插头松动,可使用尖嘴钳夹紧插头后再与接线片连接。

11 1号将4个弹簧分别套装到盖板的4个锁扣上。

> 提示
>
> 当按下盖板时,弹簧被压缩,汽车喇叭开关闭合,喇叭鸣响;当放松盖板时,弹簧伸张,断开喇叭开关,喇叭停止鸣响。

12 1号对正盖板上的锁扣和下盖上的锁孔后,用力压下盖板,将锁扣压入锁孔中。

> 提示
>
> 用手压下盖板后,放松盖板,盖板能够迅速弹起,证明盖板安装正确。

第十五步　安装蓄电池负极电缆

1 1号使用砂布除去电缆夹内接触面的污物。

> 提示
>
> 电缆夹与蓄电池极柱间,应保持良好接触。否则,将增大蓄电池的输出电阻,使输出电压下降,造成起动机转速低,发动机起动困难。

2 1号将负极电缆夹安装到蓄电池的"-"接线柱上。之后,使用 ϕ10mm 套筒、接杆、棘轮扳手,拧紧负极电缆夹的固定螺栓。螺栓紧固力矩为5N·m。

> 提示
>
> 电缆夹的固定螺栓要按照规定力矩拧紧。否则,电缆夹松动,蓄电池输出电压降低。

第十六步　点火开关性能检验

1 1号旋转点火开关至ACC位置,转向盘应转动自如,收放机播放正常。

2 1号旋转点火开关至ON位置,仪表指示灯应点亮。

3 1号旋转点火开关至START位置,起动机高速旋转,发动机起动运转。松开钥匙后,点火开关自动退回ON位置。

> 提示
>
> 起动发动机前,应确认驻车制动器操纵手柄已拉紧,变速器位于空挡位。

项目四　更换点火开关

开关性能良好。至此点火开关更换完毕。

4 1号将点火开关退回至LOCK位置，拔下钥匙后，转向盘被锁定。

第十七步　整理工位

参见"整理工位"。

提示

如果以上各项检查均正常，则说明点火

八、考核标准

考 核 标 准 表

考核时间	序号	考核项目	满分	评分标准	得分
30min	1	作业前整理工位	3	酌情扣分	
	2	粘贴翼子板护裙	4	操作不当扣4分	
	3	安装驾驶室内保护罩	4	操作不当扣4分	
	4	拆装蓄电池负极电缆	7	操作不当扣7分	
	5	拆装转向盘	10	操作不当扣10分	
	6	拆装组合开关罩盖	6	操作不当扣6分	
	7	拆装仪表台下护板	6	操作不当扣6分	
	8	拆装组合开关	9	操作不当扣9分	
	9	拆装转向柱锁壳	9	操作不当扣9分	
	10	拆装点火开关	8	操作不当扣8分	
	11	拆装转向盘盖板	8	操作不当扣8分	
	12	连接喇叭导线	7	操作错误扣7分	
	13	点火开关性能检验	10	检查不当扣10分	
	14	零件摆放	5	酌情扣分	
	15	作业后整理工位	4	酌情扣分	
	16	遵守相关安全规范		因违规操作造成人身和设备事故的，总分按0分计	
		分数合计	100		

项目五　更换转向灯开关

一、项目说明

1. 概述

当汽车需要转向或变更车道时,驾驶员通过转向灯开关接通左侧或右侧转向信号灯电路,使转向灯明暗交替闪烁,示意汽车行驶方向,以提醒其他车辆注意,避免发生交通事故。在组合仪表内有左右转向指示灯显示汽车转向方向,供驾驶员参照。

转向灯开关在使用过程中,常见故障有滑片磨损或烧蚀、分离叉磨损或折断、定位失准及手柄折断等。另外,还有前照灯变光开关驱动叉折断、喇叭滑片严重磨损等故障。以上故障会导致汽车转向灯、前照灯变光开关和喇叭等安全警示装置无法正常工作,给行车安全带来极大的隐患。因此,应及时更换转向灯开关,确保安全行车。下面以桑塔纳2000GSi型轿车为例,来说明更换转向灯开关的操作步骤和技术规范。

2. 汽车转向信号系统的组成和作用

汽车转向系统主要包括开关、信号灯、闪光器、信号指示灯及线束等。其中,闪光器是主要器件;开关用于接通或断开转向灯电路;闪光器用于控制信号灯的闪烁频率;信号灯受开关和闪光器控制发出明暗交替的光束;信号指示灯位于组合仪表内,与信号灯闪烁频率相同,用于指示汽车转向,为驾驶员提供汽车转向参照。

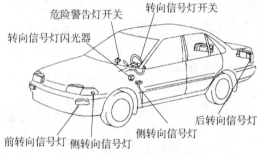

汽车转向信号系统的组成

二、技术标准与要求

(1)安装桑塔纳2000GSi型轿车配套使用的转向灯开关。

(2)点火开关关闭状态下,方可拆装转向灯开关。

(3)拆卸转向盘时,要保持转向盘位于中间位置。

(4)转向盘固定螺母紧固力矩应符合规定。

三、实训时间:30min

四、实训教学目标

(1)了解更换转向灯开关的重要性。

(2)熟悉汽车转向系统的组成和作用。
(3)掌握更换转向灯开关的操作技能。

五、实训器材

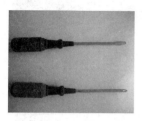 

十字、一字螺丝刀　　　　鲤鱼钳

其他工具及器材：

φ24mm套筒、φ10mm套筒、接杆、棘轮扳手、扭力扳手、驾驶室内保护罩、翼子板护裙等。

六、教学组织

1. 教学组织形式

每辆车安排4名学生参与实训，两名学生为一组。一组操作，一组观察学习。

2. 学生站位分工和要求

两名学生一组，按照1号、2号进行编号，1号为主，2号辅助。

3. 实训教师职责

讲解操作步骤和注意事项；下达"操作开始"口令；工位间巡视、检查、指导和纠正错误。

4. 学生职责变换

两名学生实行职责变换制度，即第一遍1号为主，2号辅助；第二遍2号为主，1号辅助。

七、操作步骤

第一步　事前准备

参见"事前准备"。

第二步　拆卸转向盘

1 1号调整转向盘至中间位置，保持车轮为直线行使状态。

> 提示
>
> 调整车轮为直线行驶状态，便于确定转向盘的正确安装位置，当汽车直线行驶时，可保持转向盘位于中间位置。

2 1号将转向灯开关调整到中间位置。

> 提示
>
> 转向灯开关有三个位置。向前推开关手柄时，右转向灯闪烁；退回中间位置时，电路断开信号灯熄灭；向后拉开关手柄时，左转向灯闪烁。

3 1号双手握住并下压转向盘盖板左右两侧,然后左手向右推,右手向上抬起盖板,将盖板右侧的锁扣从下盖中脱出。按照相同的操作要求,脱出盖板左侧锁扣。

> **提示**
>
> 转向盘盖板下方的左右侧,各有两个锁扣,锁扣卡于下盖的圆孔下边沿上。

4 1号用手拔下喇叭按钮的搭铁线。

> **提示**
>
> 转向盘盖板下方固定安装 W 形金属片,通过一条导线将 W 形金属片与车身搭铁。

5 1号取下锁扣上的4个弹簧。2号接收弹簧并摆放到零件车上。

> **提示**
>
> 弹簧的作用是:当压下盖板时,弹簧被压缩,锁扣下行;当放松盖板时,弹簧伸张使锁扣上行。

6 转向盘盖板下方的 W 形金属片上有4个凸起触点。

7 盖板的下盖上同样固定安装有 W 形金属片,并且也有4个凸起触点。

> **提示**
>
> 转向盘的盖板与其下盖上的凸起触点相对齐。当按下盖板时,上下触点闭合;当放松盖板时,在弹簧作用下上下触点断开。

8 1号使用螺丝刀撬出下盖的4个锁扣。

9 1号用手拔下下盖上的导线插头。2号将下盖摆放到零件车上。

💡 提示

转向盘下盖上的W形金属片，通过一条导线与连接盘上的滑环连接起来，滑环与安装在组合开关上的喇叭触点始终接触，喇叭触点和外电路相通。当按下转向盘盖板时，喇叭触点接通，喇叭鸣响；当放松转向盘盖板时，喇叭触点断开，喇叭停止鸣响。

10 2号将 φ24mm 套筒、接杆、扭力扳手组合后传递给1号。

11 2号双手握紧转向盘反向用力，阻止转向盘转动；1号使用工具拧松转向盘固定螺母。

💡 提示

拧松转向盘固定螺母时，需要1号、2号配合进行。

12 2号接收工具并摆放到零件车上。1号用手旋下转向盘固定螺母，然后取下波形垫圈。

13 2号将螺母和波形垫圈摆放到零件车上。

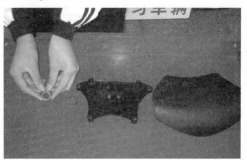

14 1号确认转向盘位于中间位置后,双手用力上托转向盘两对称端,将转向盘从转向柱花键中脱出。

> **提示**
>
> 如果转向盘与转向柱花键配合较紧,很难取下转向盘时,可采用两人配合的方法进行拆卸。一人用力上拉转向盘;另一人将固定螺母旋到转向柱上,并保持螺母与转向柱上平面平齐,然后使用铜棒、铁锤振动转向柱,使配合花键松动,便可轻松取下转向盘。

15 2号将转向盘摆放到工具车上。

第三步 拆卸组合开关罩盖

1 1号使用螺丝刀,旋下组合开关罩盖的3条自攻丝固定螺钉,并传递给2号。

> **提示**
>
> 螺钉拆卸后,应摆放在零件车上,以防丢失。

2 1号取下组合开关罩盖下壳、上罩盖,并传递给2号。

> **提示**
>
> 取下组合开关上罩盖时,应注意调整角度,禁止生拉硬拽,以免损坏上罩盖。

3 2号将组合开关罩盖摆放到零件车上。

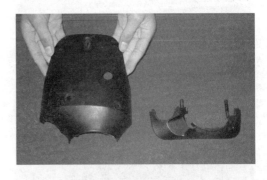

第四步 拆卸仪表台下护板

1 1号使用十字螺丝刀旋下防尘罩的两条自攻丝固定螺钉,并传递给2号。

项目五　更换转向灯开关

> **提示**
>
> 螺钉拆卸后,应摆放在零件车上,以防丢失。

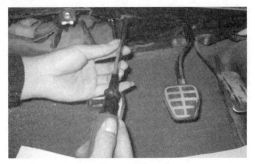

2 1号取下防尘罩并传递给2号,2号将其摆放到零件车上。

> **提示**
>
> 将防尘罩与其固定螺钉摆放在一起,可避免安装时螺钉错乱,有利于提高工作效率。

3 1号使用十字螺丝刀,旋下仪表台下护板的5条自攻丝固定螺钉并传递给2号。

> **提示**
>
> 螺钉拆卸后,应摆放在零件车上,以防丢失。

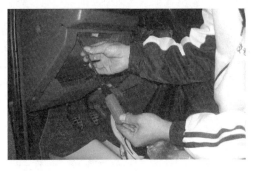

4 1号将仪表台下护板取下并传递给2号。2号将其摆放到零件车上。

> **提示**
>
> 将仪表台下护板与其固定螺钉摆放在一起,可避免安装时螺钉错乱,有利于提高工作效率。

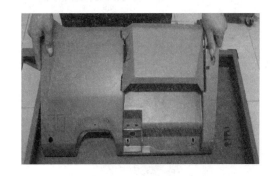

第五步　拆卸转向灯开关

1 1号拔下转向灯开关电插头。

> **提示**
>
> 禁止使用螺丝刀等类似工具撬别电插头,以免造成电插头损伤。

2 1号拔下前照灯变光开关电插头。

> **提示**
>
> 禁止使用螺丝刀等类似工具别撬电插头,以免造成电插头损伤。

3 1号使用2号传递来的一字螺丝刀，旋松并取下组合开关3条固定螺栓。2号接收工具、螺栓并分别摆放到工具车、零件车上。

💡 **提示**

组合开关的3条固定螺栓，旋入转向柱锁壳上的螺纹孔中。

4 1号用手脱出转向灯开关前后侧的锁扣。

💡 **提示**

转向灯开关前后端的锁扣与刮水器电动机开关座吻合。脱开锁扣时，用力不要过大，以免折断锁扣。

5 1号从前照灯开关凹槽中脱出驱动爪。

💡 **提示**

在转向灯开关壳上加工有前照灯开关驱动爪，上下扳动转向灯开关手柄，可切换前照灯的远近光电路。

6 2号接收转向灯开关，并摆放到零件车上。

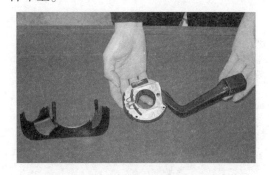

第六步　安装转向灯开关

1 1号将转向灯开关上的驱动爪插入前照灯开关壳上的凹槽内。

💡 **提示**

倾斜转向灯开关，便于安装前照灯驱动爪。

项目五　更换转向灯开关

2 1号将转向灯开关平放于刮水器电动机开关座上,然后将锁扣和刮水器电动开关座的凸台扣合。

> 提示
>
> 安装锁扣时,用力不要过大,以免折断锁扣。

3 1号扳动转向灯开关手柄,将转向灯开关位于中间位置,使转向灯开关的分离爪齿缩回。

> 提示
>
> 如果转向灯开关没有处于中间位置,此时分离爪齿伸出。当安装转向盘时,有可能损坏分离爪齿。

4 1号对正螺栓孔后,使用一字螺丝刀将3条固定螺栓拧紧到适当力矩。

> 提示
>
> 在锁壳上加工有组合开关承座及螺纹孔。

5 1号安装转向灯开关的电插头。

> 提示
>
> 安装电插头时,要注意其安装方向,以免损伤插针和插孔。同时要安装到位,否则将影响转向灯开关正常工作。

6 1号安装前照灯变光开关的电插头。

> 提示
>
> 安装电插头时,要注意其安装方向,以免损伤插针和插孔。同时要安装到位,否则将影响变光开关正常工作。

第七步 安装仪表台下护板

1 2号将转向盘下方防护罩传递给1号。

2 1号将护板上的锁扣推入仪表台的锁孔中,将防护罩安装到仪表台上。

> **提示**
>
> 安装时,不要剧烈弯折防护罩。

3 1号使用2号传递来的十字螺丝刀,旋紧防护罩5条固定螺钉。

> **提示**
>
> 自攻丝螺钉旋紧时,用力不要过大。否则,滑扣后压紧力反而变小。

4 1号将防尘罩的开槽穿过制动踏板臂和加速踏板臂,右端与防护罩插接,左端通过螺钉固定在支架上。最后使用十字螺丝刀拧紧两侧自攻丝螺钉。

> **提示**
>
> 自攻丝螺钉旋紧时,用力不要过大。否则,滑扣后压紧力反而变小。

第八步 安装组合开关罩壳

1 2号将组合开关罩壳传递给1号。

2 1号将上罩壳、罩壳下盖安装到组合开关上。

> **提示**
>
> 组合开关罩壳为橡胶材料制成的,安装时严禁生拉硬拽,并且要对齐罩壳上的定位销孔,上罩壳注意调整安装角度。

3 1号使用2号传递来的十字螺丝刀,将3条自攻丝螺栓旋入螺钉孔并旋紧到适当力矩。

第九步 安装转向盘

1 2号蹲立于车辆前方,观察两转向车轮是否保持直线行驶状态。

 提示

安装转向盘之前,要保持两转向车轮处于直线行驶状态。否则,无法保证汽车直行时转向盘正直。必要时扳动车轮进行调整。

2 1号按照汽车直行方向,将转向盘安装到转向柱上。

 提示

转向盘安装到转向柱上之后,可将盖板安放到转向盘上,如果盖板上的大众车标朝向汽车正前方向,则证明转向盘安装方向正确。否则,重新调整转向盘安装位置。

3 1号将垫圈套装到转向柱上,然后将固定螺母用手旋到转向柱螺纹杆上。

提示

用手旋上固定螺母,确保对正螺纹。禁止使用工具直接将固定螺母旋到转向柱上,一旦螺纹歪斜,便会造成螺纹损伤,严重者需更换固定螺母及上转向柱。

4 2号将 φ24mm 套筒、接杆、扭力扳手组合后传递给1号。

5 2号双手握紧转向盘反向用力,阻止转向盘转动;1号使用工具将转向盘固定螺母力矩拧紧至40N·m。

提示

拧紧转向盘固定螺母时,需要1号、2号配合进行。

项目五 更换转向灯开关

67

棕色导线为汽车喇叭的搭铁线。

（2）保证导线插头与接线片之间良好接触。如果插头松动,可使用尖嘴钳夹紧插头后再与接线片连接。

6 2号接收工具,擦拭后摆放到工具车上。

7 2号将转向盘的盖板下盖传递给1号。

9 1号对正盖板下盖上的锁扣和转向盘上的圆孔后,用力将锁扣压入圆孔中,将盖板安装到位。

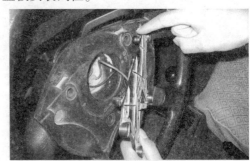

10 1号将汽车喇叭的搭铁线插头与盖板上的接线片连接起来。

提示

保证导线插头与接线片之间良好接触。如果插头松动,可使用尖嘴钳夹紧插头后再与接线片连接。

8 1号将汽车喇叭的黑色导线插头与盖板下盖上的"+"接线片连接起来,然后将棕色导线穿过盖板下盖上的方孔。

提示

（1）连接导线与接线片时,应注意提示和标注。黑色导线一端与接触环连接,并且在导线穿孔外壳上标注有"+"符号,另外在盖板下盖的接线片附近也标注有"+"符号,即黑色导线为汽车喇叭的"+"极线。

11 1号将4个弹簧分别套装到盖板的4个锁扣上。

项目五　更换转向灯开关

> **提示**
>
> 当按下盖板时,弹簧被压缩,汽车喇叭开关闭合,喇叭鸣响;当放松盖板时,弹簧伸张,断开喇叭开关,喇叭停止鸣响。

12 1号对正盖板上的锁扣和下盖上的锁孔后,用力压下盖板,将锁扣压入锁孔中。

> **提示**
>
> 用手压下盖板后,放松盖板,盖板能够迅速弹起,证明盖板安装正确。

第十步　转向灯开关性能检验

1 1号旋转点火开关至ON位置。

> **提示**
>
> 此时点火开关接通发动机点火、发电机励磁、仪表、转向信号、刮水器等电路及附件所有电路。

2 1号向前推转向灯开关手柄,此时汽车右侧转向灯和组合仪表内的转向指示灯均应按照一定的频率闪烁。

3 1号退回转向灯开关手柄于中间位置,此时汽车右侧转向灯和组合仪表内的转向指示灯均应熄灭。

4 1号后拉转向灯开关手柄,此时汽车左侧转向灯和组合仪表内的转向指示灯均应按照一定的频率闪烁。最后关闭点火开关,取出钥匙。

> **提示**
>
> 如果以上各项检查均正常,则说明点火

开关性能良好。至此点火开关更换完毕。

第十一步 整理工位

参见"整理工位"。

八、考核标准

考核标准表

考核时间	序号	考核项目	满分	评分标准	得分
30min	1	作业前整理工位	5	酌情扣分	
	2	安装驾驶室内保护罩	5	操作不当扣5分	
	3	拆装转向盘	5	操作不当扣15分	
	4	拆装组合开关罩盖	9	操作不当扣9分	
	5	拆装转向灯开关	15	操作不当扣15分	
	6	拆装转向盘盖板	11	操作不当扣11分	
	7	连接喇叭导线	10	操作错误扣10分	
	8	转向灯开关性能检验	15	检查不当扣15分	
	9	零件摆放	9	酌情扣分	
	10	作业后整理工位	6	酌情扣分	
	11	遵守相关安全规范		因违规操作造成人身和设备事故的,总分按0分计	
		分数合计	100		

项目六　更换制动灯开关

一、项目说明

1. 概述

制动灯开关用于接通或断开制动灯电路，点亮或熄灭制动灯。踩下制动踏板时，左右制动灯点亮，提示后来车辆注意保持安全距离，以免发生追尾事故。

制动灯开关常见故障有触头磨损、触点常闭和触点常开。制动灯开关故障引起制动灯常亮或不亮，使制动灯不能正确警示车辆行驶状态，给后来车辆造成误导，容易诱发交通事故。因此，制动灯开关出现故障后，应及时予以更换，确保制动灯正常指示性能。下面以桑塔纳2000GSi型轿车为例，来说明更换制动灯开关的操作步骤和技术规范。

2. 制动灯开关的工作原理

当踩下制动踏板时，制动灯开关闭合，电流流向为：蓄电池→制动灯开关→制动灯→搭铁，此时制动灯点亮。

当松抬制动踏板时，制动灯开关断开，通向制动灯电路中断，制动灯熄灭。

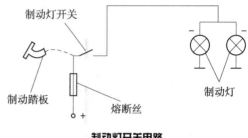

制动灯开关电路

二、技术标准与要求

（1）安装桑塔纳2000GSi型轿车配套使用的制动灯开关。

（2）使用万用表检测制动灯开关通断性能。

三、实训时间：20min

四、实训教学目标

（1）了解更换制动灯开关的重要性。

（2）熟悉制动灯开关的工作原理。

（3）掌握更换制动灯开关的操作技能。

五、实训器材

万用表

其他工具及器材：十字螺丝刀、驾驶室内保护罩。

六、教学组织

1. 教学组织形式

每辆车安排4名学生参与实训，两名学生为一组。一组操作，一组观察学习。

2. 学生站位分工和要求

两名学生一组，按照1号、2号进行编号，1号为主，2号辅助。

3. 实训教师职责

讲解操作步骤和注意事项；下达"操作开始"口令；工位间巡视、检查、指导和纠正错误。

4. 学生职责变换

两名学生实行职责变换制度，即第一遍1号为主，2号辅助；第二遍2号为主，1号辅助。

七、操作步骤

第一步 事前准备

参见"事前准备"。

第二步 拆卸组合开关罩盖

1 1号使用螺丝刀，旋下组合开关罩盖的3条自攻丝固定螺钉，并传递给2号。

⏱ **提示**

螺钉拆卸后，应摆放在零件车上，以防丢失。

2 1号将组合开关罩壳下盖取下并传递给2号。2号将其摆放在零件车上。

⏱ **提示**

将组合开关下防护罩与其固定螺钉摆放在一起，可避免安装时螺钉错乱。

第三步 拆卸仪表台下防护板

1 1号使用十字螺丝刀旋下防尘罩的2条自攻丝固定螺钉，并传递给2号。

⏱ **提示**

螺钉拆卸后，应摆放在零件车上，以防丢失。

项目六　更换制动灯开关

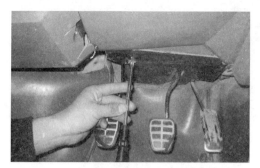

2 1号取下防尘罩并传递给2号,2号将其摆放到零件车上。

> 提示
>
> 将防尘罩与其固定螺钉摆放在一起,可避免安装时螺钉错乱,有利于提高工作效率。

3 1号使用十字螺丝刀,旋下转向盘下防护罩的5条自攻丝固定螺钉并传递给2号。

> 提示
>
> 螺钉拆卸后,应摆放在零件车上,以防丢失。

4 1号将转向盘下防护罩取下并传递给2号。2号将其摆放到零件车上。

> 提示
>
> 将转向盘下防护罩与其固定螺钉摆放在一起,可避免安装时螺钉错乱,有利于提高工作效率。

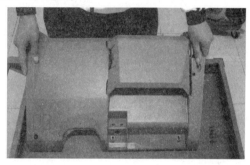

第四步　拆卸制动灯开关

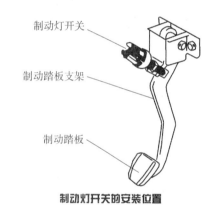

制动灯开关的安装位置

1 1号拔下制动灯开关的电插头。

> 提示
>
> (1)插拔电器元件电插头时,应保持点火开关处于关闭状态。否则,产生的电动势容易损坏电控单元。
>
> (2)制动灯开关位于制动踏板上方。

73

2 1号取下制动灯开关。

💡 提示

取下制动灯开关时,转动开关使开关上的凸起对准承座上的缺口,便可取下制动灯开关。

第五步 检查制动灯开关

1 1号检查制动灯开关与踏板接触部位的磨损情况。

💡 提示

如果制动灯开关磨损严重,应更换新品。因为制动灯开关的磨损状况,影响到制动踏板的高度和自由行程。

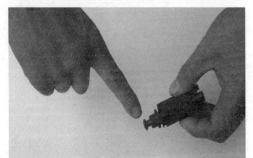

2 1号将万用表的两表笔分别与制动灯开关的两插头连接起来。

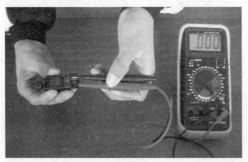

3 1号用手压下制动灯开关的触头。

💡 提示

当压下制动灯开关的触头时,即为放松制动踏板时的制动灯开关状态。此时,制动开关的两触点应断开。

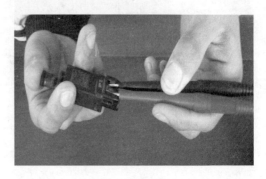

4 1号检查制动灯开关触点断开情况。

💡 提示

如果万用表显示电阻值为∞,则证明制动灯开关的触点断开性能正常,此时制动灯熄灭。否则,更换制动灯开关。

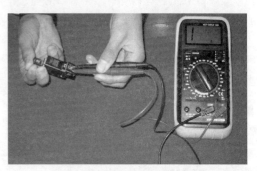

5 1号放松制动灯开关的触头。

💡 提示

放松制动灯开关的触头时,即为踩下制动踏板时的制动灯开关状态。此时,制动开关的两触点应闭合。

项目六　更换制动灯开关

6 1号检查开关触点的闭合情况。

💡 提示

如果万用表显示电阻值接近0,则证明制动灯开关的触点闭合性能正常,此时制动灯点亮。否则,更换制动灯开关。

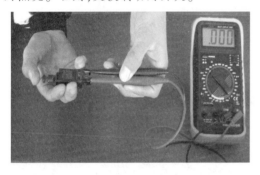

第六步　安装制动灯开关

1 1号将制动灯开关上的凸起对正承座上的缺口后,转动制动灯开关,使制动开关固定于承座上。

2 1号将电插头安装到制动灯开关的插座上。

💡 提示

插拔电器元件电插头时,应保持点火开关处于关闭状态。否则,产生的电动势容易损坏电控单元。

第七步　制动灯开关就车检验

1 1号轻轻将制动踏板踩到底。

💡 提示

此时制动灯开关处于触点闭合状态。

2 2号观察左右制动灯是否点亮。

💡 提示

如果左右制动灯均点亮,则证明制动灯、制动灯开关及相关电路均正常。

如果左右制动灯均不亮,应检查制动踏板位置、制动灯开关、制动灯电路及制动灯泡。

如果其中一个制动灯不亮,故障多出于制动灯泡或电路。

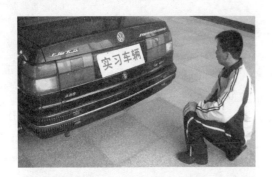

3 1号彻底放松制动踏板。

> **提示**
>
> 此时制动灯开关处于触点断开状态。

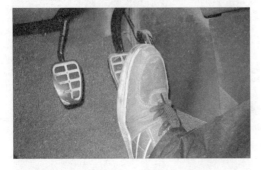

4 2号观察左右制动灯是否熄灭。

> **提示**
>
> 如果左右制动灯均熄灭,则证明制动灯及其开关和相关电路均正常。
>
> 如果左右制动灯均点亮,应检查制动踏板位置、制动灯开关、制动灯电路。
>
> 如果其中一个制动灯点亮,故障多出于制动灯电路。

第八步　安装仪表台下护板

1 2号将转向盘下方防护罩传递给1号。

2 1号将防护罩上的锁扣推入仪表台的锁孔中,将防护罩安装到仪表台上。

> **提示**
>
> 安装时,不要剧烈弯折防护罩。

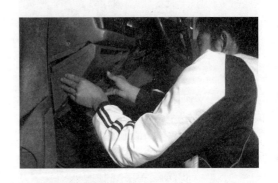

3 1号使用2号传递来的十字螺丝刀,旋紧防护罩5条固定螺栓。

> **提示**
>
> 自攻丝螺钉旋紧时,用力不要过大。否则,滑扣后压紧力反而变小。

项目六　更换制动灯开关

4 1号将防尘罩的开槽穿过制动踏板臂和加速踏板臂,右端与防护罩插接,左端通过螺钉固定在支架上。最后使用螺丝刀将螺栓拧紧到适当力矩。

⚠️提示

自攻丝螺钉旋紧时,用力不要过大。否则,滑扣后压紧力反而变小。

次传递给1号。

2 1号将组合开关下防护罩与上防护罩对齐后,使用螺丝刀旋紧3条螺钉。

⚠️提示

自攻丝螺钉旋紧时,用力不要过大。否则,滑扣后压紧力反而变小。

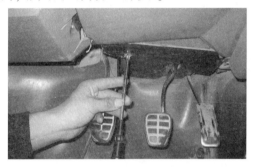

第九步　安装组合开关罩盖

1 2号将组合开关下防护罩、螺钉分

第十步　整理工位

参见"整理工位"。

八、考核标准

考核标准表

考核时间	序号	考核项目	满分	评分标准	得分
15min	1	作业前整理工位	3	酌情扣分	
	2	安装驾驶室内保护罩	4	操作不当扣4分	
	3	拆装组合开关罩盖	5	操作不当扣5分	
	4	拆装仪表台下防护板	6	操作不当扣6分	

续上表

考核时间	序号	考核项目	满分	评分标准	得分
15min	5	拆装制动灯开关	13	操作不当扣13分	
	6	检查制动灯开关触头的磨损情况	9	检查遗漏扣9分	
	7	正确使用万用表	12	使用不当扣12分	
	8	检查制动灯开关的断开情况	15	检查不当扣15分	
	9	检查制动灯开关的闭合情况	15	检查不当扣15分	
	10	制动灯开关的就车检查	15	检查不当扣15分	
	11	作业后整理工位	3	酌情扣分	
	12	遵守相关安全规范		因违规操作造成人身和设备事故的,总分按0分计	
		分数合计	100		

项目七　检查汽车灯光

一、项目说明

1. 组合前照灯

组合前照灯装于汽车头部两侧,用于夜间行车道路的照明,有两灯制和四灯制之分。汽车的前照灯有白炽、卤素、氙气、LED几种类型。随着汽车技术的不断发展,过去的白炽真空灯已被淘汰。现在汽车的前照灯以卤素灯、氙气灯为主。按照功能可分远光灯、近光灯、前转向灯、示宽灯(小灯)。前雾灯国家法规未强制要求,可选配。

2. 组合尾灯

组合尾灯在整辆车的后部,主要起照明和信号作用,后车灯一般由后位灯、倒车灯、制动灯、后雾灯、后转向灯。

3. 灯光控制开关

在转向盘左下侧的一个控制杆为转向灯和变光开关总成,它控制汽车变光和转向信号灯。仪表台上还有一个照明灯光控制总开关,主要控制前照灯和雾灯等。

4. 仪表信号及照明

在组合仪表上,有各类信号指示灯。在点火开关接通时各仪表指示灯点亮并按设定熄灭,用以提示驾驶员车辆的相关系统工作状态。

二、技术标准与要求

(1)汽车各灯光照射位置及明暗程度应正常。

(2)各灯光开关挡位清晰,仪表指示灯显示正常。

三、实训时间:30min

四、实训教学目标

(1)正确认知汽车各种灯光的作用和使用方法。

(2)正确操作各灯光开关,并判断灯光指示是否异常。

(3)按规范要求更换灯泡或熔断丝。

五、实训器材

六、教学组织

1.教学组织形式

每辆车安排4名学生参与实训,两名学生一组,一组操作,一组观察学习。

2.学生站位分工和要求

两名学生一组,按照1号、2号进行编号,1号为主,2号辅助。

3.实训教师职责

讲解操作步骤和注意事项;下达"操作开始"口令;工位间巡视、检查、指导和纠正错误。

4.学生职责变换

两名学生实行职责变换制度,即第一遍1号为主,2号辅助;第二遍2号为主,1号辅助。

七、操作步骤

第一步 事前准备

参见"事前准备"。

第二步 驾驶室内灯光检查

1 1号走向驾驶室车门一侧,打开驾驶室车门,坐到驾驶员座椅上。检查仪表盘警告灯点亮情况。

提示

(1)将点火开关至ON位置,确认仪表盘灯是否正常点亮,报警灯在自检后是否自动熄灭。

(2)将点火开关转至START挡,起动发动机后所有的报警灯应熄灭。

2 检查顶灯点亮情况。

> 提示

（1）检查第一盏灯开到 ON 位置能否正常点亮。

（2）检查第二盏灯开到 ON 位置能否正常点亮。

（3）将顶灯开关旋至 DOOR 位置，以便以后检查门控灯。

3 检查车顶灯：有三个挡位 OFF/关闭、ON/常开、DOOR/门控开关置于门控位置时，只要有一个门未关，灯就亮；当四个门都关闭时熄灭。

第三步　车辆前部灯光检查

1 检查示宽灯点亮情况：

（1）将车灯开关旋至一挡。

（2）仪表盘照明灯应点亮。

（3）示宽灯应正常亮起。两人配合，1号旋动灯开关，2号观察相应灯光是否正常点亮，并同时做出与灯光相应的手势，向坐在驾驶室的操作人员示意（双手平伸手指指向前照灯方向）。

2 检查近光灯：

（1）打开近光灯开关：将车灯开关旋至两挡（1号完成）。

（2）2号观察相应灯光是否正常点亮，并同时做出与灯光相应的手势，向坐在驾驶室的操作人员示意（双臂向车灯方向平伸，手掌向下）。

3 检查远光灯：

（1）1号打开远光灯开关：将灯光控制杆向下压一格。

（2）2号观察相应灯光是否正常点亮，并同时做出与灯光相应的手势，向坐在驾驶室的操作人员示意（双臂向上弯曲手背向车灯侧）。

（3）检查远光指示灯是否点亮。

4 检查前照灯闪亮和指示灯点亮：

（1）1号将车灯开关向上拉起并松下。观察仪表盘远光指示灯会闪亮。

（2）2号观察灯光能否按照开关的转换进行远光灯和近光灯的变换，同时做出与灯光相应的手势，向坐在驾驶室的操作人员示意（双手伸直，大拇指伸出朝上其余握拳。然后，双手伸向后方，并且来回摆动一次）。

5 检查转向指示灯：

（1）1号把转向灯开关向后拉一格，转向指示灯应闪烁。

（2）2号观察左前、左侧转向信号灯应闪烁，同时做出与灯光相应的手势，向坐在驾驶室的操作人员示意（右臂向右侧平伸，右手示意闪动）。

（3）检查转向灯开关自动回位：往右打转向盘，灯光控制杆应能自动回位。

6 检查前右转向信号灯、指示灯：

（1）1号把车灯开关向前拉一格，右转向指示灯应闪烁。

（2）2号观察右前、右侧转向信号灯应闪烁，同时做出与灯光相应的手势，向坐在驾驶室的操作人员示意（左臂向左侧平伸，左手示意闪动）。

（3）检查转向灯开关自动回位：往左打转向盘，灯光控制杆应能自动回位。

7 检查前危险警告灯：

（1）1号按下危险警告灯开关。

（2）检查危险警告指示灯应闪亮。

（3）2号检查前与侧危险警告灯应闪亮，同时做出与灯光相应的手势，向坐在驾驶室的操作人员示意（双臂向两侧伸展双手示意灯光闪亮）。

（4）关闭危险警告灯开关。

8 检查前雾灯：

（1）1号打开前雾灯开关：将雾灯开关转至前雾灯挡。

（2）检查前雾灯指示灯应点亮。

(3)2号检查前雾灯应点亮,同时做出与灯光相应的手势,向坐在驾驶室的操作人员示意(双臂向前平伸,双手紧握,大拇指向下)。

第四步 车辆后部灯光检查

1 检查尾灯、牌照灯:

(1)1号将车灯开关旋动一挡;

(2)2号在车后观察相应的灯光是否正常的点亮,同时做出与灯光相应的手势,向坐在驾驶室的操作人员示意(双臂向两侧自然平伸,双手指向两侧车灯)。

2 检查后雾灯:

(1)打开后雾灯开关:1号将雾灯开关转至后雾灯挡。

(2)检查后雾灯指示灯应亮。2号检查后雾灯应点亮,同时做出相应手势示意(双臂前伸双手握拳大拇指向下指示)。

3 检查左后转向灯:

(1)1号把转向灯开关向后拉一格,转向指示灯应闪烁。

(2)2号观察左后转向信号灯应闪烁,同时做出与灯光相应的手势,向坐在驾驶室的操作人员示意(左臂向左侧平伸,左手示意灯光闪烁)。

(3)检查转向灯开关自动回位:往右打转向盘,灯光控制杆应能自动回位。

4 检查右后转向灯:

(1)1号把转向灯开关向前拉一格,转向指示灯应闪烁。

(2)2号观察右后转向信号灯应闪烁,同时做出与灯光相应的手势,向坐在驾驶室的操作人员示意(右臂向左侧平伸,右手示意灯光闪烁)。

(3)检查转向灯开关自动回位:往左打转向盘,灯光控制杆应能自动回位。

5 检查后危险警告灯：

（1）1号按下危险警告灯开关。

（2）危险警告指示灯应闪亮。

（3）2号检查后危险警告灯应闪亮，同时做出与灯光相应的手势，向坐在驾驶室的操作人员示意（双臂向两侧平伸，双手示意车辆灯光闪烁）。

（4）关闭危险警告灯开关。

6 检查制动灯：

（1）1号右脚踩下制动踏板，观察制动指示灯应亮。

（2）车后学员观察制动灯（尾灯一起亮）是否点亮，同时做出相应手势示意（双臂向下呈60°舒展，双手平放指向车灯处）。

（3）松开制动踏板，制动灯应熄灭。

7 检查倒车灯：

（1）1号右脚踩下制动踏板，将变速杆换入R挡，观察倒车指示灯是否点亮。

（2）2号观察相应灯光是否点亮，同时做出相应手势示意（双臂向内侧弯曲，双手手心朝向面部）。

（3）检查完毕后将挡位换回P挡。

第五步　结束作业

将车内灯光开关复位，关闭车窗，关闭点火开关。

第六步　整理工位

参见"整理工位"。

八、考核标准

考核标准表

考核时间	序号	考核项目	满分	评分标准	得分
30min	1	作业前整理工位	2	酌情扣分	
	2	一人车内操作,一人检查报结果,灯光检查不起动发动机,否则扣1分	3	操作不当扣3分	
	3	检查仪表板灯点亮(点火开关置于ON位置)	4	酌情扣分	
	4	检查顶灯点亮情况	4	检查错误扣4分	
	5	将顶灯开关旋至DOOR位置	4	操作不当扣4分	
	6	检查示宽灯点亮情况	8	操作不当酌情扣分	
	7	检查前照灯近光点亮情况	8	操作不当酌情扣分	
	8	检查前照灯远光点亮情况	5	操作不当酌情扣分	
	9	检查前照灯闪光器开关和指示灯点亮情况	5	操作不当酌情扣分	
	10	检查转向信号灯和指示灯(前)点亮情况	5	操作不当酌情扣分	
	11	检查危险警告灯和指示灯(前)点亮情况	5	操作不当酌情扣分	
	12	检查转向灯开关自动回位情况	5	操作不当扣5分	
	13	检查尾灯点亮情况	5	操作不当扣5分	
	14	检查牌照灯点亮情况	5	操作不当扣5分	
	15	检查转向信号灯和指示灯(后)点亮情况	5	操作不当酌情扣分	
	16	检查危险警告灯和指示灯(后)点亮情况	7	操作不当酌情扣分	
	17	检查制动灯点亮情况	6	操作不当酌情扣分	
	18	检查倒车灯点亮情况	8	操作不当酌情扣分	
	19	检查组合仪表警告灯点亮和熄灭(起动发动机)	4	操作不当扣4分	
	20	5S是否到位	2	操作不当扣2分	
	21	遵守相关安全规范		因违规操作造成人身和设备事故的,总分按0分计	
		分数合计	100		

项目八　更换中央继电器盒

一、项目说明

为了便于诊断故障、规范布线,现代汽车常将熔断器、断路保护器、继电器等电路易损件集中布置在一块或几块配电板正面,在配电板背面用来连接导线,配电板及其盖组成了中央继电器盒。

中央继电器盒常见损伤有:因线束间联电或电路过载而烧熔,使相邻端子短路;因继电器等元件拆装不规范,使插针歪斜或配电板破裂。此外,因交通事故使中央继电器盒发生变形,内部连接板相互接触。中央继电器盒的上述损伤,严重影响了汽车的正常使用性能,甚至会造成汽车着火的恶性事故。因此,应及时更换中央继电器盒,使汽车电气系统保持良好的工作状态。下面以桑塔纳2000GSi型轿车为例,来说明更换中央继电器盒的操作步骤和技术规范。

二、技术标准与要求

（1）安装桑塔纳2000GSi型轿车配套使用的中央继电器盒。

（2）断开蓄电池负极电缆后,方可拆卸中央继电器盒。

（3）正确并可靠安装中央继电器板上的各连接器插座和继电器等。

三、实训时间：50min

四、实训教学目标

（1）了解更换中央继电器盒的重要性。

（2）熟悉中央继电器板上各连接器、插座的功用。

（3）掌握更换中央继电器盒的操作技能。

五、实训器材

十字螺丝刀

其他工具及器材：ϕ10mm套筒、接杆、棘轮扳手、翼子板护裙、驾驶室内保护罩等。

照明灯

六、教学组织

1. 教学组织形式

每辆车安排 4 名学生参与实训，两名学生为一组。一组操作，一组观察学习。

2. 学生站位分工和要求

两名学生一组，按照 1 号、2 号进行编号，1 号为主，2 号辅助。

3. 实训教师职责

讲解操作步骤和注意事项；下达"操作开始"口令；工位间巡视、检查、指导和纠正错误。

4. 学生职责变换

两名学生实行职责变换制度，即第一遍 1 号为主，2 号辅助；第二遍 2 号为主，1 号辅助。

七、操作步骤

第一步　事前准备

参见"事前准备"。

第二步　拆卸蓄电池负极电缆

1 2 号将 ϕ10mm 套筒、接杆、棘轮扳手传递给 1 号。

2 1 号使用工具拧松蓄电池负极电缆的固定螺栓，然后从接线柱上取下负极电缆，并且使负极电缆可靠离开蓄电池接线柱。

> 提示
>
> （1）拆卸蓄电池负极电缆时，应保持点火开关处于 OFF 状态。
>
> （2）断开蓄电池与电气系统的连接电路，目的是防止在拆卸中央继电器盒的过程中，因导线搭铁产生电动势而损坏微机控制单元（ECU）和用电设备。

第三步　拆卸仪表下方防护罩

1 2 号将十字螺丝刀传递给 1 号。

2 1号使用螺丝刀,旋下组合开关下防护罩的3条自攻丝固定螺钉,并传递给2号。

> **提示**
>
> 螺钉拆卸后,应摆放在零件车上,以防丢失。

3 1号将组合开关下防护罩取下并传递给2号。2号将其摆放在零件车上。

> **提示**
>
> 将组合开关下防护罩与其固定螺钉摆放在一起,可避免安装时螺钉错乱。

4 1号使用十字螺丝刀,旋下转向盘下防护罩的5条自攻丝固定螺钉并传递给2号。

> **提示**
>
> 螺钉拆卸后,应摆放在零件车上,以防丢失。

5 1号将转向盘下防护罩取下并传递给2号。2号将其摆放到零件车上。

> **提示**
>
> 将转向盘下防护罩与其固定螺钉摆放在一起,可避免安装时螺钉错乱,有利于提高工作效率。

6 1号使用十字螺丝刀旋下防尘罩的2条自攻丝固定螺钉,并传递给2号。

> **提示**
>
> 螺钉拆卸后,应摆放在零件车上,以防丢失。

7 1号取下防尘罩并传递给2号,2号将其摆放到零件车上。

> **提示**
>
> 将防尘罩与其固定螺钉摆放在一起,可避免安装时螺钉错乱,有利于提高工作效率。

第四步 拆卸熔断器

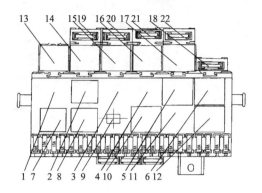

桑塔纳 2000GSi 型轿车中央继电器盒正面布置示意图

1、3、4、11-空位;2-进气歧管预热继电器;5-空调组合继电器;6-双音喇叭继电器;7-雾灯继电器;8-接触继电器;9-拆卸熔断器专用工具;10-前风窗刮水器继电器;12-闪光继电器;13-冷却风扇继电器;14、15-摇窗机继电器;16-内部照明继电器;17-冷却液位指示继电器;18-后雾灯熔断器;19-过热保护器;20-空调熔断器;21-自动天线熔断器;22-电动后视镜熔断器

1 1号从中央继电器板上取下熔断器拆卸专用工具。

💡 提示

熔断器专用工具用法:用食指和拇指捏紧专用工具上部,使钳口张开,将熔断器座套入钳口内,然后手指下移至专用工具的弧形处,用力捏紧专用工具,使钳口收缩并夹紧熔断器座,向上用力便可拉出熔断器。

2 1号使用专用工具,取出1号熔断器。

💡 提示

1号熔断器为绿色、30A 容量,用于保护散热器冷却风扇电动机。

3 1号使用专用工具,取出2号熔断器。

💡 提示

2号熔断器为红色、10A 容量,用于保护制动灯。

4 1号使用专用工具,取出3号熔断器。

💡 提示

3号熔断器为蓝色、15A 容量,用于保护中央控制门锁、点烟器、收放机、数字时钟、室内灯、后阅读灯、遮阳板灯及行李舱照明灯。

5 1号使用专用工具,取出4号熔断器。

💡 提示

4号熔断器为蓝色、15A 容量,用于保护危险报警闪光灯。

6 1号使用专用工具,取出5号熔断器。

💡 提示

5号熔断器为红色、10A容量,用于保护燃油泵。

7 1号使用专用工具,取出6号熔断器。

💡 提示

6号熔断器为蓝色、15A容量,用于保护前雾灯。

8 1号使用专用工具,取出7号熔断器。

💡 提示

7号熔断器为红色、10A容量,用于保护左侧尾灯和停车灯。

9 1号使用专用工具,取出8号熔断器。

💡 提示

8号熔断器为红色、10A容量,用于保护右侧尾灯和停车灯及发动机舱照明灯。

10 1号使用专用工具,取出9号熔断器。

💡 提示

9号熔断器为红色、10A容量,用于保护右前照灯远光灯。

11 1号使用专用工具,取出10号熔断器。

💡 提示

10号熔断器为红色、10A容量,用于保护左前照灯远光灯。

12 1号使用专用工具,取出11号熔断器。

⚙ 提示

11号熔断器为蓝色、15A容量,用于保护前风窗刮水器和洗涤器。

13 1号使用专用工具,取出12号熔断器。

⚙ 提示

12号熔断器为蓝色、15A容量,用于保护ABS电控单元与车窗玻璃升降电动机。

14 1号使用专用工具,取出13号熔断器。

⚙ 提示

13号熔断器为黄色、20A容量,用于保护后风窗玻璃除霜器(加热器)。

15 1号使用专用工具,取出14号熔断器。

⚙ 提示

14号熔断器为黄色、20A容量,用于保护空调继电器。

16 1号使用专用工具,取出15号熔断器。

⚙ 提示

15号熔断器为红色、10A容量,用于保护倒车灯与车速传感器。

17 1号使用专用工具,取出16号熔断器。

⚙ 提示

16号熔断器为蓝色、15A容量,用于保护电喇叭。

18 1号使用专用工具,取出17号熔断器。

💡 提示

17号熔断器为红色、10A容量,用于保护发动机电控单元(ECU)。

19 1号使用专用工具,取出18号熔断器。

💡 提示

18号熔断器为红色、10A容量,用于保护ABS指示灯、电喇叭继电器及车灯开关。

20 1号使用专用工具,取出19号熔断器。

💡 提示

19号熔断器为红色、10A容量,用于保护防盗电控单元、收放机及转向灯。

21 1号使用专用工具,取出20号熔断器。

💡 提示

20号熔断器为红色、10A容量,用于保护牌照灯与杂物箱照明灯。

22 1号使用专用工具,取出21号熔断器。

💡 提示

21号熔断器为红色、10A容量,用于保护左前照灯近光灯。

23 1号使用专用工具,取出22号熔断器。

💡 提示

22号熔断器为红色、10A容量,用于保

护右前照灯近光灯。

24 2号将熔断器按照在中央继电器板上的安插顺序,摆放到零件车上。

● 提示

各熔断器的容量和保护电路均不同,为避免安装时出现错乱,拆卸后的熔断器应按照在中央继电器板上的安装顺序进行摆放。

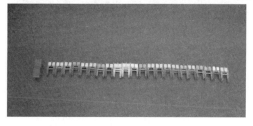

第五步　拆卸继电器

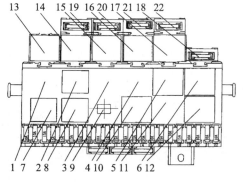

桑塔纳2000GSi型轿车中央继电器盒正面布置示意图

1、3、4、11-空位;2-进气歧管预热继电器;5-空调组合继电器;6-双音喇叭继电器;7-雾灯继电器;8-接触继电器;9-拆卸熔断器专用工具;10-前风窗刮水器继电器;12-闪光继电器;13-冷却风扇继电器;14、15-摇窗机继电器;16-内部照明继电器;17-冷却液位指示继电器;18-后雾灯熔断器;19-过热保护器;20-空调熔断器;21-自动天线熔断器;22-电动后视镜熔断器

1 1号拔下识别号为15的继电器。

● 提示

15号继电器为雾灯继电器,控制雾灯电路接通或断开。

2 1号拔下识别号为17的继电器。

● 提示

17号继电器为卸荷继电器,接通刮水器电动机停机复位电路。

3 1号拔下识别号为167的继电器。

● 提示

167号继电器为燃油泵继电器,控制燃油泵电路接通或断开。

4 1号拔下识别号为19的继电器。

● 提示

19号继电器为前风窗玻璃刮水器与洗涤器继电器。

5 1号拔下识别号为42a的继电器。

> 提示

42a号继电器为冷却液液位继电器,控制冷却液传感器电路接通或断开。

6 1号拔下识别号为13的继电器。

> 提示

13号继电器为空调继电器,控制空调压缩机电路接通或断开。

7 1号拔下识别号为21的继电器。

> 提示

21号继电器为转向与报警灯闪光继电器,控制转向与报警灯电路的通断频率。

8 1号拔下识别号为53的继电器。

> 提示

53号继电器为电喇叭继电器,控制电喇叭电路接通或断开。

9 2号按照各个继电器在中央继电器板上的安装顺序,摆放到零件车上。

> 提示

继电器要按照安装顺序摆放,以免安装时出现错乱。

10 1号使用一字螺丝刀,取下识别号为147的继电器及座。

> 提示

(1) 147号继电器为空调压缩机继电器,控制空调压缩机电路接通或断开。

(2) 取下继电器座时,将螺丝刀插入继电器座与中央继电器板间的缝隙中,将继电器座上的挡块从继电器板的锁孔中撬起,便可取下继电器及座。

11 1号拔下识别号为ZBC955 531的继电器。

> 提示

（1）ZBC955 531号继电器为内顶灯延时继电器,用于控制内顶灯延时电路通断,在车门关闭后保持内顶灯延迟3~5s后熄灭。

（2）继电器及座的拆卸方法与上述相同,请参阅前面说明。

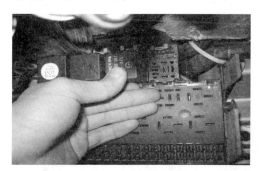

12 1号拔下识别号为ZBC959 753的继电器。

> 提示

（1）ZBC959 753号继电器为车窗玻璃升降延时继电器,控制车窗玻璃升降器延时电路通断。当点火开关切断时,延时继电器自动延时50s后切断所有车窗电动机的搭铁电路。

（2）继电器及座的拆卸方法与上述相同,请参阅前面说明。

13 1号拔下识别号为ZBC959 753A的继电器及座。

> 提示

（1）ZBC959 753A号继电器为车窗玻璃升降电动机继电器,控制电动机电路接通或断开。

（2）继电器及座的拆卸方法与上述相同,请参阅前面说明。

14 1号拔下车窗玻璃电动机热保护器及座。

> 提示

（1）车窗玻璃电动机热保护器,用于控制电动机电路中的电流在规定值范围内。当电路出现过载时自动断开电动机电路,防止电动机烧毁。

（2）热保护器及座的拆卸方法与上述相同,请参阅前面说明。

第六步 拆卸继电器板

说明:桑塔纳轿车中央继电器板正面的继电器和熔断器电路,分别与中央继电器板背面的连接器插座相连接,连接器插头通过主线束从中央继电器板连接到各电器部件,从而控制电器部件工作。(注:车型不同或出厂年代不同,其安装位置有所不同,特别是燃油喷射式发动机汽车。)

桑塔纳 2000GSi 型轿车的中央继电器板背面的连接器及其插座上,均标注有英文字母,代表插座的位置代号。安装或拆卸连接器时,必须保证连接器与插座上的英文字母相一致。

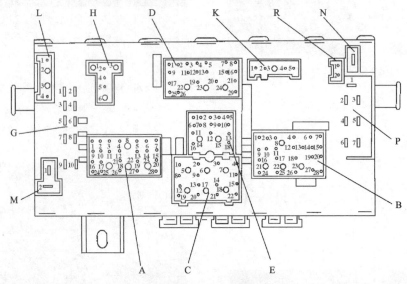

中央线路板反面布置

A-仪表板线束;B-用连接仪表板线束;C-连接发动机室左边线束;D-连接发动机室右边线束;E-连接车辆后部线束;G-用于冷却液不足指示控制器;H-连接空调装置线束;K-备用连接器插座;L-连接双音喇叭等线束;M-备用连接器插座;N-进气管预热器加热电阻的电源;P-用于连接蓄电池火线与中央线路板端子 30,中央线路板端子 30 与点火开关端子 30 接线柱;R-备用连接器插座

1 1 号使用十字螺丝刀,旋下中央继电器板下方的固定螺钉。2 号接收工具、螺钉并分别摆放到工具车、零件车上。

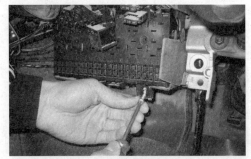

2 1 号将中央继电器板两端的支撑轴从车身上的支撑座上脱出。

3 1 号用手压下锁扣,拔下灰色连接器,字母代号为 L。

提示

(1)灰色连接器为电喇叭继电器线束。
(2)取下连接器时,严禁使用螺丝刀等

类似工具撬别,以免造成连接器及插座损伤,影响电器元件正常工作。

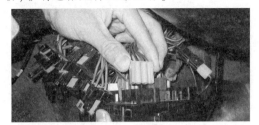

4 1号用手压下锁扣,拔下棕色连接器,插座字母代号为G1。

💡 提示

（1）棕色连接器为黑/黄色线束,用于为空调系统的组合开关和散热风扇控制器提供电源。

（2）取下连接器的注意事项和要求相同,请参阅前文说明。

5 1号用手压下锁扣,拔下黑棕色连接器,插座字母代号为G2。

💡 提示

黑色连接器为黑/白色线束,用于为电动后视镜开关提供电源。

6 1号用手压下锁扣,拔下白色连接器,插座字母代号为G3。

💡 提示

棕色连接器为黑/黄色线束,用于为ABS控制器和车窗玻璃升降延时继电器提供电源。

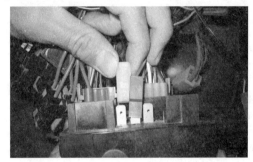

7 1号用手压下锁扣,拔下棕色连接器,插座字母代号为G5。

💡 提示

棕色连接器为红色线束,用于为ABS系统指示灯提供电源。

8 1号用手压下锁扣,拔下棕色连接器,字母代号为H。

💡 提示

棕色连接器为空调系统线束。

9 1号用手压下锁扣,拔下蓝色连接器,字母代号为A。

提示

蓝色连接器为仪表盘线束。

10 1号用手压下锁扣,拔下黄色连接器,字母代号为C。

提示

黄色连接器为前照灯线束。

11 1号用手压下锁扣,拔下黑色连接器,字母代号为E。

提示

黑色连接器为车身后部线束。

12 1号用手压下锁扣,拔下白色连接器,字母代号为D。

提示

白色连接器为发动机舱线束。

13 1号用手压下锁扣,拔下红色连接器,字母代号为B。

提示

红色连接器为仪表盘线束。

14 1号用手拔下黑色连接器,插座字母代号为N。

提示

黑色连接器为进气预热加热器加热电阻电源线。

15 1号用手拔下字母代号为P2连接器。

项目八　更换中央继电器盒

> 提示
>
> P2连接器为双红色线束,用于为点火开关端子30、自动天线电动机及防盗系统指示灯提供电源。

16 1号用手拔下白色连接器,插座字母代号为P3。

> 提示
>
> 白色连接器为红色导线,为发动机电控单元提供电源。

17 1号用手拔下白色连接器,插座字母代号为P4。

> 提示
>
> 白色连接器为红色导线,为空调继电器提供电源。

18 1号用手拔下红色连接器,插座字母代号为P5。

> 提示
>
> 红色连接器为红/白色导线,为发动机诊断插座提供电源。

19 1号用手拔下白色连接器,插座字母代号为P6。

> 提示
>
> 白色连接器为红色导线,是来自蓄电池的主电源线。

20 1号用手拔下白色连接器,插座字母代号为P7。

> 提示
>
> 白色连接器为双红色导线,为车窗玻璃升降继电器和热保护器提供电源。

21 1号断开中央继电器板背面连接器后,将中央继电器板传递给2号。2号将中央继电器板摆放到零件车上。

99

第七步 安装中央继电器板背面连接器

1 1号将双红色线束的白色连接器安插到P7插座上。

> 提示

(1) 注意识别中央继电器板 P 区各插片附近数字编号。

(2) 连接器要安插到位且锁止可靠，否则将影响电器元件正常工作。

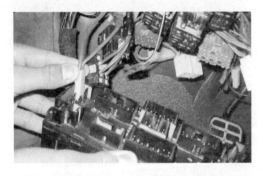

2 1号将红色线束的白色连接器安插到P6插座上。

> 提示

(1) 注意识别中央继电器板 P 区各插片附近数字编号。

(2) 连接器要安插到位且锁止可靠，否则将影响电器元件正常工作。

3 1号将红/白色线束的红色连接器安插到P5插座上。

> 提示

(1) 注意识别中央继电器板 P 区各插片附近数字编号。

(2) 连接器要安插到位且锁止可靠，否则将影响电器元件正常工作。

4 1号将红色线束的白红色连接器安插到P4插座上。

> 提示

(1) 注意识别中央继电器板 P 区各插片附近数字编号。

(2) 连接器要安插到位且锁止可靠，否则将影响电器元件正常工作。

5 1号将红色线束的白色连接器安插到P3插座上。

提示

(1) 注意识别中央继电器板 P 区各插片附近数字编号。

(2) 连接器要安插到位且锁止可靠,否则将影响电器元件正常工作。

6 1号将红色线束的铜片连接器安插到 P2 插座上。

提示

(1) 注意识别中央继电器板 P 区各插片附近数字编号。

(2) 连接器要安插到位且锁止可靠,否则将影响电器元件正常工作。

7 1号将红/蓝色线束的白色连接器安插到 N 区单端子插座上。

提示

(1) 注意识别中央继电器板 N 区位置。

(2) 连接器要安插到位且锁止可靠,否则将影响电器元件正常工作。

8 1号将仪表盘线束的红色连接器安插到 B 区插座上。

提示

(1) 注意识别中央继电器板 B 区位置。

(2) 连接器要安插到位且锁止可靠,否则将影响电器元件正常工作。

9 1号将前照灯线束的黄色连接器安插到 C 区插座上。

提示

(1) 注意识别中央继电器板 C 区位置。

(2) 连接器要安插到位且锁止可靠,否则将影响电器元件正常工作。

10 1号将车身后部线束的黑色连接器安插到 E 区插座上。

提示

(1) 注意识别中央继电器板 E 区位置。

(2) 连接器要安插到位且锁止可靠,否则将影响电器元件正常工作。

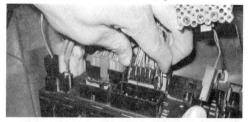

11 1号将发动机舱线束的白色连接器安插到 D 区插座上。

> 提示

(1) 注意识别中央继电器板 D 区位置。

(2) 连接器要安插到位且锁止可靠,否则将影响电器元件正常工作。

12 1号将仪表盘线束的蓝色连接器安插到 A 区插座上。

> 提示

(1) 注意识别中央继电器板 A 区位置。

(2) 连接器要安插到位且锁止可靠,否则将影响电器元件正常工作。

13 1号将空调系统线束的棕色连接器安插到 H 区插座上。

> 提示

(1) 注意识别中央继电器板 H 区位置。

(2) 连接器要安插到位且锁止可靠,否则将影响电器元件正常工作。

14 1号将红色线束的棕色连接器安插到 G5 插座上。

> 提示

(1) 注意识别中央继电器板 G 区各插片附近数字编号。

(2) 连接器要安插到位且锁止可靠,否则将影响电器元件正常工作。

15 1号将双黑色线束的白色连接器安插到 G3 插座上。

> 提示

(1) 注意识别中央继电器板 G 区各插片附近数字编号。

(2) 连接器要安插到位且锁止可靠,否则将影响电器元件正常工作。

16 1号将黑/白色线束的黑色连接器安插到 G2 插座上。

> 提示

(1) 注意识别中央继电器板 G 区各插片附近数字编号。

(2) 连接器要安插到位且锁止可靠,否则将影响电器元件正常工作。

项目八 更换中央继电器盒

17 1号将黑/黄色线束的棕色连接器安插到G1插座上。

> 提示

(1)注意识别中央继电器板G区各插片附近数字编号。
(2)连接器要安插到位且锁止可靠,否则将影响电器元件正常工作。

18 1号将喇叭继电器线束的灰色连接器安插到L区插座上。

> 提示

(1)注意识别中央继电器板L区位置。
(2)连接器要安插到位且锁止可靠,否则将影响电器元件正常工作。

第八步 安装中央继电器板上端继电器及熔断器

1 1号将中央继电器板背面的线束连接器安装完毕后,将继电器板两端的支撑轴安装到车身上的支撑孔中。

2 1号使用2号传递来的十字螺丝刀,将中央继电器板的1条固定螺钉拧紧到适当力矩。2号接收工具并摆放到工具车上。

3 1号将识别号为ZBC959 753A的车窗玻璃升降电动机继电器及座安装到中央继电器板上端的承座上。

> 提示

继电器及座要安插到位且锁止可靠,应听到"咔嗒"落座声响。

4 1号将识别号为ZBC959 753的车窗玻璃升降延时继电器及座安装到中央继电器板上端的承座上。

> 提示

继电器及座要安插到位且锁止可靠,应听到"咔嗒"落座声响。

103

5 1号将识别号为 ZBC955 531 的内顶灯延时继电器及座安装到中央继电器板上端的承座上。

⚠ 提示

继电器及座要安插到位且锁止可靠,应听到"咔嗒"落座声响。

6 1号将识别号为 147 的空调压缩机继电器及座安装到中央继电器板上端的承座上。

⚠ 提示

继电器及座要安插到位且锁止可靠,应听到"咔嗒"落座声响。

7 1号将车窗玻璃升降电动机热保护器安装到中央继电器板上端的承座上。

⚠ 提示

继电器及座要安插到位且锁止可靠,应听到"咔嗒"落座声响。

第九步　安装中央继电器板正面的继电器

1 1号将识别号为 53 的高低音喇叭继电器安装到中央继电器板的插座上。

⚠ 提示

继电器安插到位且可靠,否则将影响汽车电喇叭的正常工作。

2 1号将识别号为 13 的空调继电器安装到中央继电器板的插座上。

⚠ 提示

继电器安插到位且可靠,否则将影响空调系统的正常工作。

3 1号将识别号为 42a 的冷却液位继电器安装到中央继电器板的插座上。

⚠ 提示

继电器安插到位且可靠,否则将影响冷却液位传感器正常工作。

项目八　更换中央继电器盒

4 1号将识别号为19的前风窗玻璃刮水器和洗涤器继电器安装到中央继电器板的插座上。

> 提示
>
> 继电器安插到位且可靠,否则将影响风窗玻璃刮水器和洗涤器正常工作。

5 1号将识别号为167的燃油泵继电器安装到中央继电器板的插座上。

> 提示
>
> 继电器安插到位且可靠,否则将影响燃油泵正常工作。

6 1号将识别号为17的卸荷继电器安装到中央继电器板的插座上。

> 提示
>
> 继电器安插到位且可靠,否则将影响雨刷电动机的复位开关正常工作。

7 1号将识别号为15的雾灯继电器安装到中央继电器板的插座上。

> 提示
>
> 继电器安插到位且可靠,否则将影响雾灯正常工作。

8 1号将识别号为21的转向与报警灯继电器安装到中央继电器板的插座上。

> 提示
>
> 继电器安插到位且可靠,否则将影响转向与报警灯的正常工作。

第十步　安装熔断器

1 1号将散热器冷却风扇电动机的绿色、30A容量的熔断器安插到熔断器夹最左端插孔内。熔断器编号为S1。

> 提示
>
> 熔断器安插到位且可靠,否则将影响汽车电喇叭的正常工作。

2 1号将制动灯的红色、10A容量的熔断器安插到熔断器夹插孔内。熔断器编号为S2。

> 提示
>
> 熔断器安插到位且可靠,否则将影响制动灯的正常工作。

3 1号将中控门锁、点烟器、数字时钟、阅读灯等的蓝色、15A容量的熔断器安插到熔断器夹插孔内。熔断器编号为S3。

> 提示
>
> 熔断器安插到位且可靠,否则将影响中控门锁等的正常工作。

4 1号将危急报警灯的蓝色、15A容量的熔断器安插到熔断器夹插孔内。熔断器编号为S4。

> 提示
>
> 熔断器安插到位且可靠,否则将影响危急报警灯的正常工作。

5 1号将燃油泵的红色、10A容量的熔断器安插到熔断器夹插孔内。熔断器编号为S5。

> 提示
>
> 熔断器安插到位且可靠,否则将影响燃油泵的正常工作。

6 1号将前雾灯的蓝色、15A容量的熔断器安插到熔断器夹插孔内。熔断器编号为S6。

> 提示
>
> 熔断器安插到位且可靠,否则将影响燃油泵的正常工作。

7 1号将左侧尾灯、左前停车灯的红色、10A容量的熔断器安插到熔断器夹插孔内。熔断器编号为S7。

> 提示
>
> 熔断器安插到位且可靠,否则将影响左侧尾灯与停车灯的正常工作。

项目八　更换中央继电器盒

8 1号将右侧尾灯、右前停车灯及发动机舱照明灯的红色、10A 容量的熔断器安插到熔断器夹插孔内。熔断器编号为 S8。

💡 提示

熔断器安插到位且可靠,否则将影响右侧尾灯、右前停车灯及发动机舱内照明灯的正常工作。

9 1号将右前灯远光灯的红色、10A 容量的熔断器安插到熔断器夹插孔内。熔断器编号为 S9。

💡 提示

熔断器安插到位且可靠,否则将影响右前灯远光灯的正常工作。

10 1号将左前灯远光灯的红色、10A 容量的熔断器安插到熔断器夹插孔内。熔断器编号为 S10。

💡 提示

熔断器安插到位且可靠,否则将影响左前灯远光灯的正常工作。

11 1号将前风窗玻璃刮水器与洗涤器的蓝色、15A 容量的熔断器安插到熔断器夹插孔内。熔断器编号为 S11。

💡 提示

熔断器安插到位且可靠,否则将影响左前灯远光灯的正常工作。

12 1号将 ABS 系统控制单元与车门玻璃升降电动机的蓝色、15A 容量的熔断器安插到熔断器夹插孔内。熔断器编号为 S12。

💡 提示

熔断器安插到位且可靠,否则将影响 ABS 系统与车门玻璃升降电动机的正常工作。

13 1号将后风窗玻璃除霜电加热器的黄色、20A 容量的熔断器安插到熔断器夹插孔内。熔断器编号为 S13。

💡 提示

熔断器安插到位且可靠,否则将影响后风窗玻璃除霜电加热器的正常工作。

14 1号将空调继电器的黄色、20A容量的熔断器安插到熔断器夹插孔内。熔断器编号为S14。

> 提示

熔断器安插到位且可靠,否则将影响空调继电器的正常工作。

15 1号将倒车灯与车速传感器的红色、10A容量的熔断器安插到熔断器夹插孔内。熔断器编号为S15。

> 提示

熔断器安插到位且可靠,否则将影响倒车灯与车速传感器的正常工作。

16 1号将电喇叭的蓝色、15A容量的熔断器安插到熔断器夹插孔内。熔断器编号为S16。

> 提示

熔断器安插到位且可靠,否则将影响汽车电喇叭的正常工作。

17 1号将发动机电控单元的红色、10A容量的熔断器安插到熔断器夹插孔内。熔断器编号为S17。

> 提示

熔断器安插到位且可靠,否则将影响发动机电控单元的正常工作。

18 1号将ABS系统指示灯、车灯开关及电喇叭继电器的红色、10A容量的熔断器安插到熔断器夹插孔内。熔断器编号为S17。

> 提示

熔断器安插到位且可靠,否则将影响ABS系统指示灯、车灯开关及电喇叭继电器的正常工作。

19 1号将防盗电控单元、收放机及转向灯的红色、10A容量的熔断器安插到熔断器夹插孔内。熔断器编号为S19。

> 提示

熔断器安插到位且可靠,否则将影响防盗电控单元、收放机及转向灯的正常工作。

项目八　更换中央继电器盒

20 1号将牌照灯与杂物箱照明灯的红色、10A容量的熔断器安插到熔断器夹插孔内。熔断器编号为S20。

💡 提示

熔断器安插到位且可靠,否则将影响牌照灯与杂物箱照明灯的正常工作。

21 1号将左前照灯近光灯的红色、10A容量的熔断器安插到熔断器夹插孔内。熔断器编号为S21。

💡 提示

熔断器安插到位且可靠,否则将影响左前照灯近光灯的正常工作。

22 1号将右前照灯近光灯的红色、10A容量的熔断器安插到熔断器夹插孔内。熔断器编号为S221。

💡 提示

熔断器安插到位且可靠,否则将影响右前照灯近光灯的正常工作。

第十一步　安装发动机下方防护板

1 2号将转向盘下方防护罩传递给1号。

2 1号将防护罩上的锁扣推入仪表台的锁孔中,将防护罩安装到仪表台上。

💡 提示

安装时,不要剧烈弯折防护罩。

3 1号使用十字螺丝刀,旋紧防护罩5条固定螺钉。

💡 提示

自攻丝螺钉旋紧时,用力不要过大。否则,滑扣后压紧力反而变小。

4 1号将防尘罩的开槽穿过制动踏板臂和加速踏板臂,右端与防护罩插接,左端

109

通过螺钉固定在支架上。

> 提示
>
> 自攻丝螺钉旋紧时,用力不要过大。否则,滑扣后压紧力反而变小。

5 1号将组合开关下防护罩与上防护罩对齐后,使用螺丝刀旋紧3条螺钉。

> 提示
>
> 自攻丝螺钉旋紧时,用力不要过大。否则,滑扣后压紧力反而变小。

第十二步 安装蓄电池负极电缆

1 1号用砂布清理负极电缆夹内孔和蓄电池负极柱,保持两者接触面清洁。

> 提示
>
> 保持蓄电池极柱和电缆间良好接触,有利于减小电路中的电阻,保证电路畅通。

2 1号将负极电缆夹套装到蓄电池负极柱上之后,使用2号传递来的φ10mm套筒、接杆、棘轮扳手,拧紧蓄电池负极电缆夹的固定螺栓。

> 提示
>
> 电缆夹固定螺栓的拧紧力矩应适当。若力矩过小,会造成线路虚接;若力矩过大,固定螺栓容易滑扣。

第十三步 中央继电器盒安装后检验

1 1号将点火开关旋置ON挡位,此时仪表指示灯应点亮。

2 1号将点火开关旋置START挡位,发动机应正常起动运转。

3 1号拨动灯光开关,转向灯、前照灯、仪表灯等应显示正常。

4 1号检查音响、室内灯、中控门锁及车窗玻璃升降器等,应工作正常。

 提示

如果通过检查与更换中央继电器盒相关的电气系统工作均正常,则中央继电器盒更换完毕。

第十四步　整理工位

参见"整理工位"。

八、考核标准

考核标准表

考核时间	序号	考核项目	满分	评分标准	得分
20min	1	作业前整理工位	1	酌情扣分	
	2	车辆可靠停驻	1	停车不当扣1分	
	3	安装驾驶室内保护罩	1	操作不当扣1分	
	4	粘贴翼子板护裙	1	操作不当扣1分	
	5	拆装蓄电池负极电缆	2	操作不当扣2分	
	6	拆装仪表盘下方保护板	2	操作不当扣2分	
	7	拆卸熔断器	8	操作错误扣8分	
	8	摆放熔断器	7	摆放不当扣7分	
	9	拆卸继电器	8	操作不当扣8分	
	10	摆放继电器	7	摆放不当扣7分	
	11	拆装中央继电器板	5	操作不当扣5分	
	12	拆卸中央继电器板背面连接器	9	操作不当扣9分	
	13	安装中央继电器背面连接器	10	操作不当扣10分	
	14	安装中央继电器板上端的继电器及熔断器	10	操作不当扣10分	
	15	安装继电器	10	操作不当扣10分	
	16	安装熔断器	10	操作不当扣10分	
	17	中央继电器板更换后性能检验	7	操作不当扣7分	
	18	作业后整理工位	1	酌情扣分	
	19	遵守相关安全规范		因违规操作造成人身和设备事故的,总分按0分计	
		分数合计	100		

项目九 检查或更换汽车喇叭

一、项目说明

1.概述

汽车上都安装有喇叭,用于警告行人和其他车辆,以引起注意,保证行车安全。汽车喇叭,按照发音动力源不同,可分为气动和电动两种类型;按照外形区分,可分为螺旋形、盆形和筒形三种类型;按照音频高低,可分为高音和低音两种类型;按照接线方式,可分为单线制和双线制两种类型。由于电动喇叭声音悦耳,体积小,质量小,因此在现代汽车上得到广泛应用。

汽车喇叭在使用过程中,由于触点烧蚀或粘连、线圈短路或断路、电容器或灭弧电阻损坏、振动膜片和共鸣板破裂、接线不良或脱落及喇叭调整不当等因素影响,导致汽车喇叭不响、发音沙哑、喇叭长鸣等故障发生,不能够起到正常警告作用,给行车带来安全隐患。因此,对出现故障的汽车喇叭应及时检查与调整,必要时更换新品。下面以桑塔纳2000GSi型轿车为例,来说明检查或更换汽车喇叭的操作步骤和技术规范。

2.汽车喇叭的构造与工作原理

桑塔纳轿车上安装有高音和低音盆形电喇叭各一个,两个电喇叭同步工作,形成良好的双音效果。高、低音电喇叭共用一个继电器(位于中央线路板6号位),合用一个喇叭按钮。

盆形电喇叭采用螺管式结构,铁芯上绕有线圈,上下铁芯间的气隙在线圈中间,可产生较大电磁吸力。上铁芯、振动膜片和共鸣板固定安装在中心轴上。

当按下喇叭按钮电路接通时,线圈产生电磁吸力,上铁芯被吸下并与铁芯碰撞,产生较低的基本频率,并激励振动膜片和共鸣板产生共鸣,从而产生比基本频率强得多,且分布比较集中的谐音。

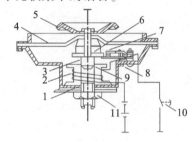

盆形电喇叭

1-下铁芯;2-线圈;3-上铁芯;4-振动膜片;5-共鸣板;6-衔铁;7-触点;8-调整螺栓;9-铁芯;10-按钮;11-锁紧螺母

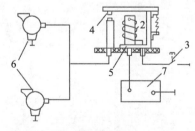

喇叭继电器

1-触点臂;2-线圈;3-按钮;4-触点;5-磁轭;6-喇叭;7-蓄电池

汽车上安装高、低音双电喇叭时,需要在喇叭电路中加装喇叭继电器,防止喇叭按钮烧蚀蚀。当按下喇叭按钮时，蓄电池中的电流经线圈、按钮至搭铁，构成电流回路。线圈通电后产生电磁吸力，使触点闭合，则大电流经磁轭、触点流过喇叭，喇叭便发出高低悦耳声音。

二、技术标准与要求

（1）安装桑塔纳 2000GSi 型轿车配套使用的汽车喇叭。

（2）汽车喇叭线圈的电阻值为 $0.4 \sim 1.5\Omega$。

（3）汽车喇叭接线柱与外壳绝缘性能良好。

（4）正确调整汽车喇叭的音量和音调。

（5）正确连接汽车喇叭导线。

三、实训时间：20min

四、实训教学目标

（1）了解检查或更换汽车喇叭的必要性。

（2）熟悉汽车喇叭的结构与工作原理。

（3）掌握检查或更换汽车喇叭的操作技能。

五、实训器材

万用表

其他工具及器材：

12-13mm 梅花扳手、16-17mm 梅花扳手、蓄电池、翼子板护裙、驾驶室内保护罩等。

六、教学组织

1. 教学组织形式

每辆车安排 4 名学生参与实训，两名学生为一组。一组操作，一组观察学习。

2. 学生站位分工和要求

两名学生一组，按照 1 号、2 号进行编号，1 号为主，2 号辅助。

3. 实训教师职责

讲解操作步骤和注意事项；下达"操作开始"口令；工位间巡视、检查、指导和纠正错误。

4. 学生职责变换

两名学生实行职责变换制度，即第一遍 1 号为主，2 号辅助；第二遍 2 号为主，1 号辅助。

七、操作步骤

第一步 事前准备

参见"事前准备"。

第二步 拆卸汽车喇叭

1 1 号用手拔下汽车喇叭电插头。

> 提示

（1）插拔电器元件点插头时，应保持点火开关处于 OFF 状态，以免产生电动势损坏电器元件和电控单元。

（2）用手压下电插头上的弹性夹,然后向外拉出电插头。严禁在拔下电插头时,直接拉拔线束,以免造成线束折断损伤。

2 2号将12-13mm梅花扳手传递给1号。

3 1号使用12-13mm梅花扳手,拧松喇叭支架的1条固定螺栓。2号接收工具,擦拭后摆放到工具车上。

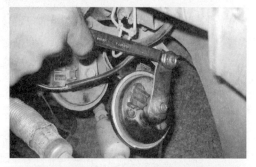

4 1号用手旋下螺栓,然后取下汽车喇叭。

5 2号接收喇叭、螺栓,并摆放到零件车上。

第三步　检查汽车喇叭性能

1 1号使用万用表的两表笔分别与汽车喇叭两接线柱相连接。

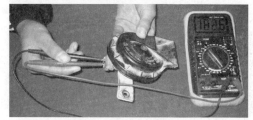

2 1号将万用表调置 $R \times 1\Omega$ 挡位,测量汽车喇叭线圈电阻值。

提示

如果电阻值为0.4~1.5Ω,则证明线圈良好;如果电阻值为∞,则证明线圈断路,应更换汽车喇叭。

项目九　检查或更换汽车喇叭

3 1号将万用表的一表笔,接喇叭电插座内的一个接线柱;另一表笔与喇叭壳体相接。

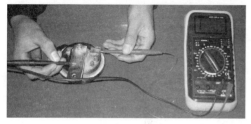

4 1号将万用表调置 $R×1k\Omega$ 挡位,测量汽车喇叭接线柱与外壳的绝缘性能。

 提示

(1)如果万用表显示电阻值为∞,则证明接线柱与外壳绝缘性能良好。否则,接线柱与外壳搭铁,应更换汽车喇叭。

(2)按照相同要求,检查另一接线柱的绝缘性能。

5 1号用一跨接线连接蓄电池"+"接线柱和喇叭一接线柱;另一跨接线连接蓄电池"-"接线柱和喇叭另一接线柱。此时,喇叭应鸣响。

提示

(1)此时喇叭线圈通电产生电磁力,上铁芯下行与铁芯碰撞,振动膜片和共鸣板产生鸣响。

(2)如果此时汽车喇叭不响,可能原因有:触点烧蚀或不能闭合、线圈断路或短路,应更换喇叭。

(3)如果喇叭发出嘶哑声响,可能振动膜片或共鸣板出现裂纹所致。

(4)如果喇叭发出声响较小或尖锐刺耳,对于可调式汽车喇叭而言,可通过调整气隙和活动触点臂的弹力大小来进行调节;对于不可调整式汽车喇叭,只能采取更换方法来解决。

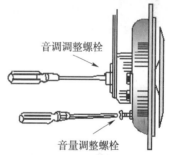

音调调整螺栓
音量调整螺栓

第四步　安装汽车喇叭

1 1号将汽车喇叭支架的螺栓孔对齐后,穿过固定螺栓,并用手旋紧螺母。

2 1号将汽车喇叭安装位置调整适当后,使用2号传递来的12-13mm梅花扳手,将固定螺栓拧紧到适当力矩。2号接收工具,擦拭后摆放到工具车上。

3 1号将电插头插入汽车喇叭的插座上。

> **提示**
>
> 电插头要安插到位且可靠,否则将影响喇叭正常工作。

第五步 汽车喇叭就车检验

1号用手按下汽车喇叭开关,此时喇叭应鸣响。

> **提示**
>
> 喇叭开关按下后,如果喇叭不响,应检查喇叭开关、接触环、滑片、喇叭继电器及喇叭线路。

第六步 整理工位

参见"整理工位"。

八、考核标准

考核标准表

考核时间	序号	考核项目	满分	评分标准	得分
10min	1	作业前整理工位	6	酌情扣分	
	2	车辆可靠停驻	5	停车不当扣5分	
	3	粘贴翼子板护裙	5	操作不当扣5分	
	4	安装驾驶室内保护罩	5	操作不当扣5分	
	5	拆卸汽车喇叭	9	操作不当扣9分	
	6	零件摆放	7	操作错误扣7分	
	7	检查汽车喇叭线圈性能	13	操作错误扣13分	
	8	检查汽车喇叭接线柱绝缘性能	13	操作错误扣13分	
	9	检查汽车喇叭工作性能	13	操作错误扣13分	
	10	安装汽车喇叭	10	操作不当扣10分	

续上表

考核时间	序号	考核项目	满分	评分标准	得分
10min	11	汽车喇叭就车检验	8	操作不当扣8分	
	12	作业后整理工位	6	酌情扣分	
	13	遵守相关安全规范		因违规操作造成人身和设备事故的,总分按0分计	
		分数合计	100		

项目十　加注空调系统制冷剂

一、项目说明

1. 汽车空调系统的组成与工作原理

现代汽车空调系统主要有制冷和供暖、通风三大功能,实现汽车车厢内温度、湿度、气流和洁净度的调节。目前大多数的中小型汽车制冷系统采用的都是蒸气压缩式制冷循环,空调系统主要由空调压缩机、冷凝器、节流装置和蒸发器等组成。

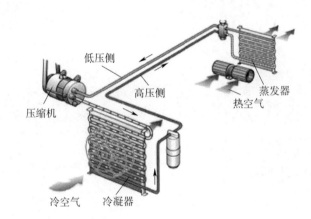

2. 汽车空调常规使用与维护

(1) 正确使用汽车空调操控按钮。汽车空调控制面板上标识一般采用英文缩写,使用时要清楚各按钮的含义,以免因为操作不当导致制冷效果不好。

(2) 要避免空调频繁启动、关闭,尽量避免因频繁启动、关闭而引起的机械故障。

(3) 由于工作环境复杂,相对于家用空调,汽车空调更需要经常进行检查、维护。

二、技术标准与要求

(1) 必须选用符合国家环保标准的汽车空调专用制冷剂。

(2) 必须使用专用设备回收、清洁和加注制冷剂。

(3) 制冷剂加注量,要符合各车型维修手册规定量。

(4) 加注制冷剂时,必须做好安全防护,以免出现安全隐患。

三、实训时间：40min

四、实训教学目标

（1）了解汽车空调系统制冷原理。
（2）熟悉汽车空调系统的结构组成及工作原理。
（3）正确回收和加注空调系统制冷剂。

五、实训器材

AC350c—zz 制冷剂回收/再生/充注机

电子卤素检漏仪

控制面板说明

1-排气 运行排气功能的快捷键；2-回收 回收空调系统的制冷剂；3-抽真空 将空调系统进行抽真空；4-充注 向空调系统充注制冷剂；5-菜单 进入菜单程序的快捷键；6-显示器 显示操作信息；7-键盘 输入数据键；8-多语言对照表 多种语言对照表；9-工作罐压力 显示工作罐的压力的压力表；10-低压表 显示空调系统低压端压力表；11-高压表 显示空调系统高压端压力表

六、教学组织

1. 教学组织形式

每辆车安排 4 名学生参与实训，两名学生一组，一组操作，一组观察学习。

2. 学生站位分工和要求

两名学生一组，按照 1 号、2 号进行编号，1 号为主，2 号辅助。

3. 实训教师职责

讲解操作步骤和注意事项；下达"操作开始"口令；工位间巡视、检查、指导和纠正错误。

4. 学生职责变换

2 名学生实行职责变换制度，即第一遍 1 号为主，2 号辅助；第二遍 2 号为主，1 号辅助。

七、操作步骤

第一步　事前准备

参见"事前准备"。

第二步　系统排气及空调检漏

1 1号操作AC350c系统排气,排至罐内压力正常(50~250kPa)。

2 起动发动机,转速控制在1500~2000r/min,运行空调3~5min。

3 使用电子卤素检漏仪进行检漏。

> **提示**
> (1)电子卤素检漏仪需要在每个接头处停留5s以上,检漏仪探头不能接触到被测物体。
> (2)检漏时必须检查部件的下方。

第三步　回　收

1 1号安装高低压快速接头,并打开高低压接口。

2 同时打开面板上高低压双阀。

3 点下"回收"键,进行回收。

4 2号将电子卤素检漏仪递给1号。

项目十　加注空调系统制冷剂

5 1号用电子卤素检漏仪检测高低压接口有无泄漏。

6 回收至低压侧压力表压力为33kPa停止，视为回收完成。

💡 提示

（1）回收时不要选择定量回收，因为制冷剂会泄漏，有的回收不到原标准量。

（2）每次插拔快速接头都需佩戴护目镜和胶皮手套，否则会因操作失误而产生冻伤。

（3）要进行双管方式进行制冷剂回收作业。

（4）空调压力回收至规定值需保持1min。

第四步　系统排油

1号点击确认进行排油。

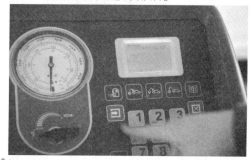

💡 提示

要记录原始排油瓶的油量，排油量＝排完油油量－原始油量。

第五步　初抽真空并检漏

1 1号点击"抽真空"键设置时间为3min，点击确认进行初抽真空。

💡 提示

（1）此时双阀打开双管路方式抽真空。
（2）低压侧压力应是负值为正常。

2 1号关闭面板上的高低压开关，保压1min，观察高低压表指示数值有无变化。

> 提示

如表针有回升现象,说明汽车空调系统有泄漏。

第六步 系统注油

1号关闭面板上和快速接头低压侧开关并打开面板上高压侧开关进行注油,注油量＝排出量＋20mL。

> 提示

(1)要仔细观察注油瓶油量,注到规定注油量时要立即停止。

(2)通过高压管单管进行注油。

(3)正确记录注油瓶最终油量。

第七步 二次抽真空

1号打开面板上的低压侧开关,并打开快速接头低压侧开关,关闭面板上高压侧开关,进行二次抽真空时间为5min。

> 提示

(1)二次抽真空为单管低压侧回收。

(2)正确设定抽真空的时间5min。

第八步 系统加注

1 1号关闭面板上的低压侧开关,并关闭快速接头低压侧开关,打开面板上高压侧开关。

2 点击"加注"键进行加注,加注量＝空调系统量＋管路存量。

3 2号将电子卤素检漏仪递给1号。

4 1号加注同时用电子卤素检漏仪检测高压侧接口有无泄漏。

项目十　加注空调系统制冷剂

3 1号用电子卤素检漏仪检测高低压侧接口针阀有无泄漏。

> 提示
>
> （1）空调系统加注量参考维修手册或空调维护名牌或加注机的数据库。
>
> （2）制冷剂加注为单管高压侧方式进行。
>
> （3）低压管路阀头、开关都需关闭。

第九步　竣工检验

1 加注完毕后，关闭高低压侧快速接头，清理管路2min。

> 提示
>
> （1）因高压加注，发动机需静止2min以上，让制冷剂雾化，再进行着车测试。
>
> （2）管路清理时确认高低压阀头均关闭，防止车辆管路内的制冷剂被抽回。
>
> （3）关闭制冷剂回收机高、低压快速接头阀门，再拆下高、低压接头。
>
> （4）拆下快速接头后需要进行阀口检漏。
>
> （5）拆下快速接头后需要对阀口进行清洁。

2 清理完毕后拆下高低压快速接头，2号将电子卤素检漏仪递给1号。

第十步　整理工位

参见"整理工位"。

八、考核标准

考核标准表

考核时间	序号	考核项目	满分	评分标准	得分
30min	1	作业前整理工位	4	酌情扣分	
	2	安装车外三件套	3	操作不当扣3分	

续上表

考核时间	序号	考核项目	满分	评分标准	得分
30min	3	安装车内防护罩	4	酌情扣分	
	4	安装高、低压管路连接	10	检查错误扣4分	
	5	起动发动机,运行空调3min	6	操作不当酌情扣分	
	6	空调管路检漏	10	操作不当酌情扣分	
	7	空调制冷剂回收	10	操作不当酌情扣分	
	8	空调系统排油	8	操作不当酌情扣分	
	9	空调系统抽真空	10	操作不当酌情扣分	
	10	空调系统注油	8	操作不当酌情扣分	
	11	空调制冷剂加注	10	操作不当酌情扣分	
	12	高、低压管接口检漏	6	操作不当扣6分	
	13	起动发动机,竣工检验	6	操作不当扣6分	
	14	5S是否到位	5	操作不当酌情扣分	
	15	遵守相关安全规范		因违规操作造成人身和设备事故的,总分按0分计	
		分数合计	100		

项目十一　检查或更换刮水器电动机和刮水片

一、项目说明

1. 概述

为保证行车时驾驶员具有良好的视线，通常在汽车的前风窗玻璃上安装有刮水器，用于刮除沾附于风窗玻璃上的雨水、积雪或灰尘等，以确保行车安全。一般汽车的前风窗玻璃上安装有两个刮水片，部分汽车在后风窗玻璃上也安装有一个刮水片，一些高档轿车还装有与风窗刮水器一起开动的前照灯刮水器。汽车上采用的刮水器根据动力源不同可分为真空式、气动式和电动式三种。由于电动式刮水器具有动力大、工作可靠、容易控制、不受发动机工况影响等优点，目前在汽车上得到广泛应用。

汽车上的刮水器在使用过程中常见故障有：刮水器不工作、刮水器速度变慢、间歇刮水系统工作不正常、刮水器不能正确复位、刮水片清洁不彻底、刮水片拍打排水槽及两刮水片停止位置不一致等。以上故障的产生，给汽车驾驶带来安全隐患。因此，对出现故障的刮水器应及时进行检修，必要时更换刮水器电动机、刮水片等相关部件，确保刮水器的正常工作性能。下面以桑塔纳 2000GSi 型轿车为例，来说明检查或更换刮水器电动机和刮水片的操作步骤和技术规范。

2. 刮水器的组成和工作原理

刮水器主要由直流电动机、蜗轮箱、曲柄、连杆、摆杆、摆臂及刮水片等组成。一般电动机和蜗轮箱结合成一体组成刮水器电动机总成。曲柄、连杆、摆杆等杆件将蜗轮旋转运动转变为摆臂的往复摆动，使摆臂上的刮水片实现刮水动作。

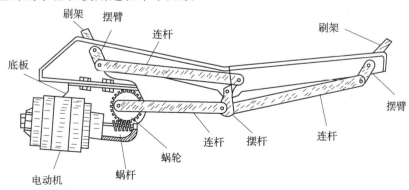

刮水器的组成

3. 刮水器电动机的结构和工作原理

一般刮水器电动机有绕线式和永磁式两种。永磁式刮水器电动机因体积小、质量轻、结构简单，因而应用广泛。它有永久磁铁、电枢、电刷及安装板、复位开关、输出齿轮及蜗轮、输出臂等组成。

永磁式刮水器电动机是利用3个电刷来改变正负电刷间串联线圈的个数来实现变速的。其原理是：刮水器电动机工作时，电枢中同时产生反电动势，其方向与电枢中电流方向相反。如果要是使电动机旋转，外加电压必须克服反电动势的作用。当电动机转速升高时，反电动势随之增大，只有外加电压等于反电动势时，电动机转速才能够保持稳定。

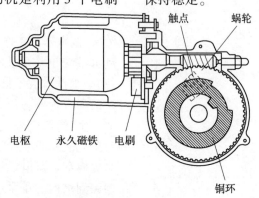

永磁式刮水器电动机的结构

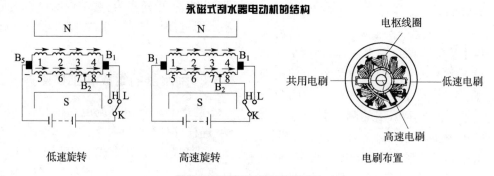

永磁式刮水器电动机的工作原理

二、技术标准与要求

（1）安装桑塔纳2000GSi型轿车配套使用的刮水器电动机及刮水片。

（2）拆装刮水器电动机时，应断开蓄电池负极电缆。

（3）正确调整曲柄的安装位置，保持刮水片在零位时处于车窗玻璃上的标记处。

（4）在连杆与曲柄的连接球碗内涂抹适量 $MoSO_2$ 润滑脂。

三、实训时间：40min

四、实训教学目标

（1）了解检查或更换刮水器电动机和刮水片的重要性。

（2）熟悉刮水器电动机的结构与工作原理。

(3)掌握检查或更换刮水器电动机和刮水片的操作技能。

(4)正确使用万用表。

(5)固定螺栓拧紧力矩符合规定要求。

注:刮水器电动机固定螺栓拧紧力矩为5N·m;曲柄固定螺栓拧紧力矩为13N·m。

五、实训器材

万用表

其他工具及器材:鲤鱼钳、10-11mm梅花扳手、φ10mm套筒、接杆、棘轮扳手、一字螺丝刀、砂布、$MoSO_2$润滑脂、翼子板护裙、驾驶室内保护罩等。

六、教学组织

1.教学组织形式

每辆车安排4名学生参与实训,两名学生为一组。一组操作,一组观察学习。

2.学生站位分工和要求

两名学生一组,按照1号、2号进行编号,1号为主,2号辅助。

3.实训教师职责

讲解操作步骤和注意事项;下达"操作开始"口令;工位间巡视、检查、指导和纠正错误。

4.学生职责变换

两名学生实行职责变换制度,即第一遍1号为主,2号辅助;第二遍2号为主,1号辅助。

七、操作步骤

第一步 事前准备

参见"事前准备"。

第二步 拆卸刮水片

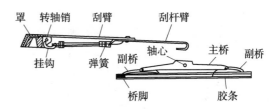

刮水片的结构

刮水片分刮杆和刮片两部分。刮杆是由接头、刮杆臂、刮臂及弹簧等零件组成的一个刚性杆件。接头与刮水器传动机构输出端相连接,刮臂等零件铰接在接头的转轴销上,在弹簧作用下产生合适的压力给刮片中心,使之与风窗玻璃贴合。

刮片由主桥、副桥、簧片和胶条等零件组成。刮片的副桥架多少视刮片长度和风窗玻璃的曲率而定,胶条簧片组成的端部仅与桥架端部的一个桥脚固定,其余均可在桥脚间移动,以此来保证胶条的曲线曲率与风窗玻璃的曲率一致。

1 1号用手拉起刮臂,使刮臂在弹簧力作用下与其接头自动保持垂直。

💡提示

刮臂铰接于接头上,两者之间通过弹簧相连接。在弹簧力作用下,刮臂将刮片贴合于风窗玻璃上。当刮水片摆动时,便可刮除风窗玻璃表面上的雨水、积雪或灰尘等,使风窗玻璃洁净透明,驾驶员获得良好视线。

孔中完全脱出后,刮水片方可顺利取下。

(2)按照相同方法,取下另一侧的刮水片,在此不再重复。

2 1号用手压下位于刮水片主桥上的定位凸台。

> 💡 提示
>
> 刮水片与刮杆典型的装接形式有凸台插入式、槽孔插入式和弯钩式。刮片可随刮杆整体更换,也可以单独更换。

4 2号将刮水片摆放到零件车上。

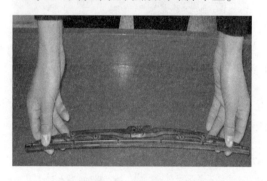

第三步 检查刮水片

1 1号检查刮水片的主桥、副桥是否存在扭曲变形现象。

> 💡 提示
>
> 如果主副桥存在上述损伤,会使胶条承受压紧力不均匀,造成刮水效果差。因此,应更换刮水片。

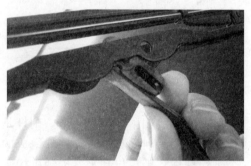

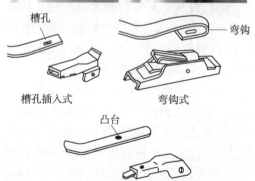

刮水片的装接形式

3 保持刮水片定位凸台压下的同时,1号用手下推刮水片,将刮水片从刮杆上脱出。

> 💡 提示
>
> (1)只有定位凸台从刮杆臂上的定位

2 1号检查胶条是否存在老化、龟裂或折断现象。

> 💡 **提示**
>
> 如果胶条存在上述损伤,便会在风窗玻璃上留下水渍残痕,造成驾驶员视线模糊不清。因此,应更换刮水片。

第四步 安装刮水片

1 1号将刮水片主桥上的连接块插入刮臂的弯钩内。

2 1号上推刮水片,使刮水片连接块上的凸台落座于刮臂弯钩上的方孔内。

> 💡 **提示**
>
> (1)当刮水片安装到位时,可以听到定位凸台落座声响。
> (2)按照相同方法,安装另一侧的刮水片,在此不再重复。

3 1号将刮臂水平伸直,使刮水片胶条贴合在风窗玻璃上。

> 💡 **提示**
>
> 此时刮臂在弹簧作用下,产生一定的下压力,使刮水片的胶条与风窗玻璃紧密贴合。

第五步 刮水片安装后刮拭性能检验

1 2号进入驾驶室,将点火开关旋置ON挡位。

2 2号向上抬起刮水器开关手柄。

> 💡 **提示**
>
> 风窗玻璃刮水器和洗涤器共用一个开关。当前后拨动开关手柄时,接通或断开刮水器相关电路;当向上抬起开关手柄时,接通洗涤器电路,同时接通刮水器抵速挡电路,松开开关手柄时,开关自动复位,断开相关电路。

3 此时喷嘴向风窗玻璃喷射水柱,刮水片来回摆动3~4次后停止于风窗玻璃的下边沿。

提示

严禁在无水干燥情况下,使用刮水片刮拭风窗玻璃。否则,将会造成胶条刃口严重磨损,在风窗玻璃上产生划痕。

4 1号察看风窗玻璃表面的清洁情况。如果玻璃表面洁净、明亮,无水渍残痕,证明刮水片刮拭效果良好。否则,再次检查或更换刮水片,直到符合规定要求为止。

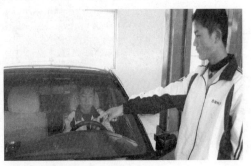

第六步 刮水器电动机电路检查

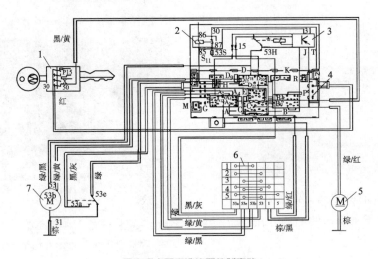

风窗刮水器和洗涤器控制电路

1-点火开关;2-卸荷继电器;3-风窗刮水器继电器;4-中央线路板;5-洗涤器电动机;6-风窗刮水器与洗涤器开关;7-刮水器电动机

1 1号用手拔下刮水器电动机的电插头。

提示

(1)插拔电器设备电插头时,要保持点火开关处于关闭状态,避免产生的电动势损坏电器设备和电控单元。

(2)插拔电器设备电插头时,严禁使用螺丝刀等类似器具撬别,以免损伤电插头和插座,致使电路接触不良,影响电器设备正常工作。

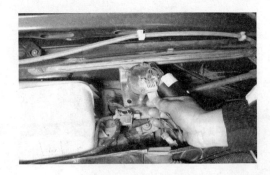

2 2号将点火开关旋置ON挡,然后将刮水器开关拨至2挡,接通点火开关和刮水器电动机低速挡位间的电路。

⊙ 提示

此时刮水器电动机应低速工作,其控制电路为:电源正极→中央线路板单端子插座→红色导线→点火开关端子30→点火开关端子X→黑/黄色导线→熔断器S11→中央线路板端子B9→黑/灰色导线→刮水器开关53a→刮水器开关2挡→刮水器开关端子53→绿色导线→中央线路板端子A2→刮水器继电器端子53S→刮水器继电器触点→刮水器继电器端子53H→中央线路板端子D12→绿/黑色导线→刮水器电动机M→刮水器电动机端子31→棕色导线搭铁→蓄电池负极。刮水器电动机正负电刷间隔180°,电枢轴以42~52r/1min的转速旋转,风窗玻璃上的刮水片慢速刮摆。

4 2号将刮水器开关拨至1挡,接通点火开关和刮水器电动机高速挡位间的电路。

⊙ 提示

刮水器电动机高速工作时,不受刮水器继电器控制,而直接受刮水器开关控制。其控制电路为:电源正极→中央线路板单端子插座→红色导线→点火开关端子30→点火开关端子X→黑/黄色导线→熔断器S1→中央线路板端子B9→黑/黄色导线→刮水器开关端子53a→刮水器开关1挡位→刮水器开关端子53b→绿/黄色导线→中央线路板端子A5→端子D9→绿/黄色导线→刮水器电动机端子53b→刮水器电动机→刮水器电动机端子31→棕色导线搭铁→蓄电池负极。此时,刮水器电动机电刷偏置,电枢轴以62~80r/min的转速旋转,风窗玻璃上的刮水片快速刮摆。

3 1号使用万用表,测量刮水器电动机电插头上的绿/黑导线电压,应约为蓄电池电压。

⊙ 提示

(1)如果该导线无电压显示,应检查雨刷继电器及相关电路。

(2)如果该导线显示电压正常,而刮水器电动机不旋转,则为电动机故障或电路搭铁不良。

5 1号使用万用表,测量刮水器电动机电插头上的绿/黄导线电压,应约为蓄电池电压。

⊙ 提示

(1)如果该导线无电压显示,应检查相关电路。

(2)如果该导线显示电压正常,而刮水

器电动机不旋转,则为电动机故障或电路搭铁不良。

6 2号将刮水器开关拨至4挡,接通点火开关和刮水器电动机间歇挡位间的电路。

 提示

刮水器电动机在间歇工作状态时,受刮水器继电器控制,每6s工作一次。其控制电路为:电源正极→中央线路板单端子插座→红色导线→点火开关端子30→点火开关端子X→黑/黄色导线→熔断器S11→中央线路板端子B9→黑/灰色导线→刮水器开关端子53a→刮水器开关→刮水器开关端子J→棕/黑色导线→中央线路板端子A12→继电器端子J→继电器内部电路→继电器端子31搭铁→蓄电池负极。此时刮水器继电器的触点闭合,刮水器电动机的控制电路为:

电源正极→中央线路板单端子插座→红色导线→点火开关端子30→点火开关端子X→黑/黄色导线→熔断器S11→中央线路板端子B9→继电器端子15→继电器触点→继电器端子53→中央线路板D12→绿/黑色导线→刮水器电动机M→电动机端子31→棕色导线搭铁→蓄电池负极。

7 1号使用万用表,测量刮水器电动机电插头上的绿/黑导线电压,应为间歇通电状态。

提示

(1)如果该导线无间歇通电显示,应检查刮水器继电器及相关电路。

(2)如果该导线间歇通电显示正常,而刮水器电动机不旋转,则为电动机故障或电路搭铁不良。

8 2号将刮水器开关拨至3挡,接通点火开关和刮水器电动机复位开关间的电路。

提示

在刮水器电动机上设有自动复位开关,用于保证刮水器停机时,刮水片处于风窗玻璃下边沿位置。当点火开关为ON挡位时,卸荷继电器电路接通。其控制电路为:电源正极→中央线路板单端子插座→红色导线→点火开关端子30→点火开关端子X→黑/黄色导线→卸荷继电器端子86、线圈、触点→卸荷继电器端子85→中央线路板端子22搭铁→蓄电池负极。

卸荷继电器通电后产生电磁吸力,将其触点闭合,此时刮水器电动机的停机复位电路接通,其控制电路为:电源正极→中央线路板单端子插座→卸荷继电器端子30、触点、端子87→中央线路板D20→黑/灰色导线→刮水器电动机端子53a、53e→绿色导线→中央线路板端子D17→中央线路板端子A6→绿/黑色导线→刮水器开关端子53e、

53→绿色导线→中央线路板端子 A2→刮水器继电器端子 53S→继电器触点、端子 53H→中央线路板端子 D12→绿/黑色导线→刮水器电动机 M→刮水器电动机端子 31→棕色导线搭铁→蓄电池负极。当刮水器电动机转动到复位开关的触点 53e 与搭铁触点 31 接通时,电动机因电路断开而停止转动,此时刮水片正好停摆于风窗玻璃下边沿位置。

电动机复位开关电源被断路;如果测量电阻值为 0Ω,证明电动机复位开关存在故障。

第七步　拆卸蓄电池负极电缆

1 2号将 φ10mm 套筒、接杆、棘轮扳手传递给1号。

9 1号使用万用表,测量刮水器电动机电插头上的黑/灰色导线电压,应约为蓄电池电压。

> 提示
>
> (1) 如果该导线无电压显示,应检查刮水器继电器、卸荷继电器及相关电路。
>
> (2) 如果该导线电压显示正常,而刮水器电动机不能正确复位,则为电动机复位开关故障、刮水器开关或电路搭铁不良。

2 1号使用工具拧松蓄电池负极电缆的固定螺栓,然后从接线柱上取下负极电缆,并使负极电缆可靠离开蓄电池接线柱。

> 提示
>
> 拆卸蓄电池负极电缆时,应保持点火开关处于 OFF 状态。

10 1号使用万用表,测量刮水器电动机电插座上的绿色和棕色导线间的电阻值,应为 ∞。

> 提示
>
> 如果测量电阻值约为 ∞,证明刮水器

第八步　拆卸刮水器电动机

1 2号将鲤鱼钳传递给1号。

2 1号使用鲤鱼钳,取下防护板固定卡子。

3 2号接收鲤鱼钳、固定卡子,并分别摆放到工具车、零件车上。

4 1号取下防护板,并传递给2号。2号将防护板摆放到零件车上。

> 提示
>
> 防护板为塑料材料制成,拆装、传递及摆放过程中,注意轻拿轻放,禁止弯折或重压,以免造成损坏。

5 1号用手拔下刮水器电动机的电插头。

> 提示
>
> 插拔电器设备电插头时,严禁使用螺丝刀等类似器具撬别,以免损伤电插头和插座,致使电路接触不良,影响电器设备正常工作。

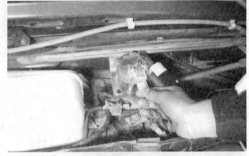

6 2号将一字螺丝刀传递给1号。

7 1号使用一字螺丝刀,将曲柄上的球头从连杆的球碗中撬出。

> 提示
>
> 取出曲柄上的球头时,禁止采用铁锤敲击方法。否则,将导致球头与球碗损伤及连杆变形,影响刮水器工作性能。

8 2号将一字螺丝刀摆放到工具车上之后,将10-11mm梅花扳手传递给1号。

项目十一　检查或更换刮水器电动机和刮水片

9 1号使用10-11mm梅花扳手,拧松刮水器电动机的3条固定螺栓。

> 提示
>
> 刮水器电动机固定螺栓,要按照"顺序多遍"的要求拧松,以免电动机支架发生变形。

10 1号用手旋下3条固定螺栓后,取下刮水器电动机,一并传递给2号。

> 提示
>
> 在传递刮水器电动机时,注意不要掉落到地面上。

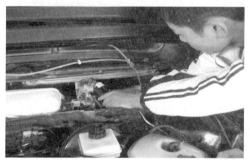

11 2号将刮水器电动机、固定螺栓,摆放到零件车上。

第九步　安装刮水器电动机

1 1号使用10-11mm梅花扳手,拧松曲柄固定螺栓,然后用手旋下固定螺栓。

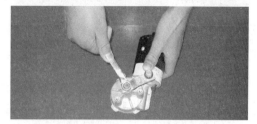

2 1号确定曲柄与齿轮箱壳相对安装位置后,用手取下曲柄。

> 提示
>
> 曲柄的安装位置有严格规定,即当曲柄安装到蜗轮输出轴上后,球头端朝向电动机壳且从曲柄边沿可垂直观察到螺纹孔中的周向螺纹。

3 1号将曲柄安装到刮水器电动机的蜗轮输出轴上。

> 提示
>
> (1)曲柄通过细花键与蜗轮输出轴上的花键相配合。当曲柄驱动刮水器传动机构时,两者不容易出现滑转。
>
> (2)曲柄安装位置应符合规定要求。否则,不能够保证刮水器电动机停转时,刮水片位于风窗玻璃的下边沿位置。

4 1号使用10-11mm梅花扳手,将曲柄固定螺母拧紧到适当力矩。固定螺母拧紧力矩为13N·m。

5 1号将刮水器电动机安放到支架上,对齐螺栓孔后,用手将3条固定螺栓旋入螺纹孔中。

提示

确保对正螺栓和螺栓孔内螺纹,避免使用工具紧固螺栓时,导致螺纹损伤,螺栓滑扣。

1号使用2号传递来的10-11mm梅花扳手,按照"顺序多遍"的要求将刮水器电动机的3条固定螺栓拧紧到适当力矩。固定螺栓拧紧力矩为5N·m。

提示

刮水器电动机固定螺栓要按照规定紧固,防止电动机及其支架变形,影响车窗刮水器正常工作。

7 1号在连杆球碗中加注适量润滑脂。

提示

连杆球碗中加注适量润滑脂,用于减轻曲柄球头与连杆球碗相对转动时的摩擦磨损。

8 1号对正曲柄上的球头和连杆上的球碗后,用力上抬球碗,将球头压入球碗内。

提示

如果压入球头时较困难,可使用木质锤柄别撬球碗,这样会省力些。但应注意防止连杆出现变形。

9 1号将刮水器电动机的电插头安插到插座上。

提示

电插头要安装到位且锁止可靠,否则将影响电动机正常工作。

10 1号将2号传递来的防护板安放

在车身上。

> **提示**
>
> 防护板为塑料材料制成,拆装、传递及摆放过程中,注意轻拿轻放,禁止弯折和重压,以免造成损坏。

11 1号使用2号传递来的鲤鱼钳,将防护板的固定卡安装到位。

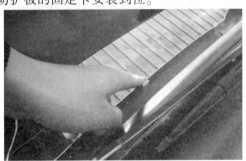

第十步　安装蓄电池负极电缆

1 1号使用砂布,清理负极电缆夹内孔和蓄电池负极柱,保持两者接触面清洁。

> **提示**
>
> 保持蓄电池极柱和电缆间良好接触,有利于减小电路中的电阻,保证电路畅通。

2 1号将负极电缆夹套装到蓄电池负极柱上之后,使用2号传递来的 φ10mm 套筒、接杆、棘轮扳手,拧紧蓄电池负极电缆夹的固定螺栓。

> **提示**
>
> 电缆夹固定螺栓的拧紧力矩应适当。若力矩过小,会造成线路虚接;若力矩过大,固定螺栓容易滑扣。

第十一步　刮水器电动机性能检验

1 1号进入驾驶室,将点火开关旋置 ON 挡位。

2 1号向上抬起刮水器开关手柄,2～3s 后放松手柄,开关自动复位。此时洗涤泵运转,喷嘴向风窗玻璃喷射水柱,刮水片刮摆 3～4 次后停驻于风窗玻璃下边沿位置。

3 1号将刮水器开关拨至2挡,刮水片慢速刮摆。

> ⏱ 提示
>
> 严禁在无水干燥情况下,使用刮水片刮拭风窗玻璃。否则,将会造成胶条刃口严重磨损,在风窗玻璃上产生划痕。

4 1号将刮水器开关拨至1挡,刮水片快速刮摆。

> ⏱ 提示
>
> 严禁在无水干燥情况下,使用刮水片刮拭风窗玻璃。否则,将会造成胶条刃口严重磨损,在风窗玻璃上产生划痕。

5 1号将刮水器开关拨至4挡,刮水片间歇刮摆。

> ⏱ 提示
>
> 严禁在无水干燥情况下,使用刮水片刮拭风窗玻璃。否则,将会造成胶条刃口严重磨损,在风窗玻璃上产生划痕。

6 1号将刮水器开关拨至3挡,刮水器电动机复位,刮水片停驻于风窗玻璃的下边沿位置。

> ⏱ 提示
>
> 如果以上各项检验均正常,则说明刮水器电动机性能良好。至此,检查或更换刮水器电动机操作完毕。

第十二步 整理工位

参见"整理工位"。

八、考核标准

考核标准表

考核时间	序号	考核项目	满分	评分标准	得分
30min	1	作业前整理工位	2	酌情扣分	
	2	车辆可靠停驻	2	停驻不当扣2分	
	3	粘贴翼子板护裙	2	操作不当扣2分	
	4	安装驾驶室内保护罩	2	操作不当扣2分	
	5	拆装刮水片	7	操作不当扣7分	
	6	检查刮水片	7	检查不当扣7分	
	7	刮水片刮拭性能检验	9	操作不当扣9分	
	8	检查刮水器电动机低速挡电路	10	操作错误扣10分	
	9	检查刮水器电动机高速挡电路	10	操作错误扣10分	
	10	检查刮水器电动机间歇挡电路	10	操作错误扣10分	
	11	检查刮水器电动机复位挡电路	10	操作错误扣10分	
	12	拆装蓄电池负极电缆	7	操作不当扣7分	
	13	拆装刮水器电动机	8	操作不当扣8分	
	14	刮水器电动机性能检验	11	操作不当扣11分	
	15	作业后整理工位	3	酌情扣分	
	16	遵守相关安全规范		因违规操作造成人身和设备事故的,总分按0分计	
		分数合计	100		

项目十二 更换空调滤芯

一、项目说明

每当打开空调,空调系统就会将外部的空气吸入车厢内,空气中的花粉、雾霾、灰尘等各种杂物也会进入车厢。在没有空调滤芯时,车内的空气会变得混浊不堪,驾乘人员的身体健康也会受到影响。很多人还会对空气中的有害物质过敏,严重时甚至会造成驾驶员心情烦躁,从而影响驾车安全性。空调滤芯的作用就是阻挡和吸收空气中的各种有害物质,不仅能使驾驶员驾车更为舒适,而且空调的制冷效果也会更好。

空调滤芯正常的更换周期是每5000km更换一次。当然,在雾霾集中区域,空调滤芯的更换周期也需要减小。不及时更换空调滤芯,打开空调时会伴随着一股异味,细菌滋生速度会明显加快。

科鲁兹空调滤芯的位置安放在副驾驶储物盒后面,打开储物盒取下挡板就能看到了。

二、技术标准与要求

(1)明确空调滤芯的安装位置和方向。
(2)保持风道内和空调滤芯的清洁。
(3)选择和安装科鲁兹型号配套的空调滤芯。

三、实训时间:15min

四、实训教学目标

(1)了解更换汽车空调滤芯的重要性。
(2)熟悉汽车空调滤芯的安装位置。
(3)掌握更换汽车空调滤芯的操作方法和注意事项。

五、实训器材

滤芯在储物盒后面

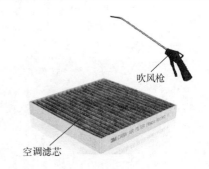

吹风枪

空调滤芯

六、教学组织

1. 教学组织形式

每辆车安排4名学生参与实训,两名学生一组,一组操作,一组观察学习。

2. 学生站位分工和要求

两名学生一组,按照1号、2号进行编号,1号为主,2号辅助。

3. 实训教师职责

讲解操作步骤和注意事项;下达"操作开始"口令;工位间巡视、检查、指导和纠正错误。

4. 学生职责变换

两名学生实行职责变换制度,即第一遍1号为主,2号辅助;第二遍2号为主,1号辅助。

七、操作步骤

第一步 事前准备

参见"事前准备"。

第二步 拆卸空调滤芯

1 1号打开右前车门。

2 1号打开副驾驶侧仪表台下储物箱,并脱开右侧的支撑杆。

3 1号拆下储物盒左右两个固定卡扣。

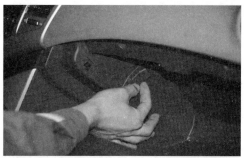

4 1号拆开空调滤芯挡板。

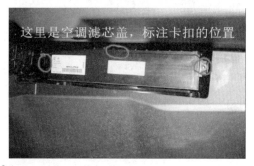

> **提示**
>
> 空调滤芯盖有三个卡扣,拆卸时不要损坏。

5 确认安装方向标记后后取出空调滤芯。

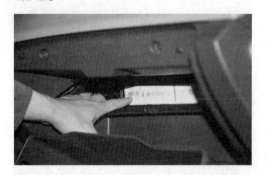

> 提示

滤芯有向上的安装标记。

第三步　清洁与检查

1 1号使用干净抹布擦净进气口附近的灰尘等。

2 2号将吹风枪与压缩空气管连接好后传递给1号。

3 按进气的反方向,1号使用压缩空气吹净空调滤芯上的灰尘杂质等。

4 1号检查空调滤芯是否破损,如有损坏应换用新件。

第四步　安装空调滤芯

1 1号确认清洁后的滤芯新滤芯的安装标记"↑"。

2 1号将空调滤芯对正进气道上的孔座,轻轻推入并安装到位。

3 确认空调滤芯安装到位后,1号将挡板安装到位。

4 1号正确安装储物箱左右两个塑料卡扣。

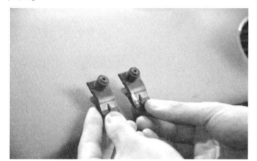

5 1号将储物箱右侧的支撑杆安装到位。

第五步 整理工位

参见"整理工位"。

八、考核标准

考 核 标 准 表

考核时间	序号	考核项目	满分	评分标准	得分
30min	1	作业前整理工位	5	酌情扣分	
	2	车辆停驻可靠,注意安全	5	操作不当酌情扣分	
	3	安装车内防护罩	10	操作不当酌情扣分	
	4	拆卸空调滤芯	15	操作不当酌情扣分	
	5	清洁进气道及空调滤芯	20	操作不当酌情扣分	
	6	检查空调滤芯是否有破损	20	操作不当酌情扣分	
	7	安装空调滤芯	20	操作不当酌情扣分	
	8	作业后的5S是否到位	5	操作不当酌情扣分	
	9	遵守相关安全规范		因违规操作造成人身和设备事故的,总分按0分计	
		分数合计	100		